1 Ernährung bei Leukämie

Diese Empfehlungen bitte immer mit Ernährungsberater/in, Arzt oder Diätologen/in absprechen! Die Rezepte und Zutatenlisten unterstützen die medizinischen Therapien.

Die Kalorienangaben frischer Zutaten (Obst und Gemüse) und die Inhaltsstoffe schwanken je nach Qualität und Erntezeit. Die Inhalte wurden von einer Diätologin und einer Ernährungsberaterin für die Traditionelle Chinesische Medizin (TCM) geprüft.

Autor:
©2022 Josef Miligui
Liebe Leserinnen und Leser, ich wünsche Ihnen viel Erfolg und gutes Gelingen bei der Umstellung Ihrer Ernährung. Dieses Buch wurde aus eigener Erfahrung mit Krankheit und Ernährung geschrieben und ich habe schon immer das Zubereiten guter Speisen geschätzt. Wenn Sie nicht so geübt sind im Kochen, empfiehlt sich ein Kurs bei Ernährungsberatern oder Diätologen, die Ihnen die Grundlagen der Kochmethoden sowie die richtige Verarbeitung der Zutaten vermitteln können. Anhand der Lebensmittellisten aus diesem Buch können Sie weitere Rezepte entwickeln und entdecken.

Quelle:
Die Listen werden aus der EBNS-Datenbank für die Ernährungsberatung generiert. Die Datenbank wird von Ernährungsberater, Therapeuten und Ärzte für die Beratung der Patienten/Klienten verwendet und ermöglicht eine Kombination mehrerer Syndrome.

Literaturliste:
Wir haben die Unterlagen als Wissensbasis genutzt und an unsere Erfahrungen angepasst und ergänzt.
www.ebns.at

Herstellung und Verlag:
BoD – Books on Demand, Norderstedt
ISBN: 9783842381148

Krebs-Therapieunterstützung bei Leukämie
(Buch: 102)

1.1 Vorwort

Krebs bezeichnet in der Medizin die unkontrollierte Vermehrung und das wuchernde Wachstum von Zellen, d. h. eine bösartige Gewebeneubildung (maligne Neoplasie) bzw. einen malignen (bösartigen) Tumor (Krebsgeschwulst, Malignom). Bösartig bedeutet, dass neben der Zellwucherung auch Absiedelung (Metastasierung) und Invasion in gesundes Gewebe stattfindet. Im engeren Sinn sind die malignen epithelialen Tumoren (Karzinome), dann auch die malignen mesenchymalen Tumoren (Sarkome) gemeint. Im weiteren Sinne werden auch die bösartigen Hämoblastosen als Krebs bezeichnet, wie beispielsweise Leukämie als „Blutkrebs".

So lautet die Definition von Krebs laut Wikipedia (Stand 29.11.2021). Die Ernährung, kommt allerdings höchstens mal im Nebensatz vor. Ja, der Artikel geht so weit ins holistische, dass auch Umweltgifte und der Lebensstil genannt werden, das rechne ich ihm hoch an. Insgesamt spiegelt der Artikel meiner Erfahrung nach ganz gut das Wissen der meisten Ärzt:innen wieder: Krebs ist mehr oder weniger isoliertes Problem am jeweiligen Organ, der sich durch unkontrollierte Vermehrung allerdings ausdehnen und streuen kann. Krebs passiert eher zufällig, wobei ein paar Faktoren schon auch irgendwie eine Rolle zu haben scheinen. Aber reden wir lieber über die konkrete Behandlung.

Und das führt uns zu folgendem Problem: Patient:innen fallen in eine sehr passive Rolle des Krebsträgers, der Krebsträgerin. Sie legen all ihr Vertrauen in die Schulmedizin und die behandelnden Ärzt:innen. Doch was sie selbst aktiv als Krebsprävention oder zur Krebstherapie beitragen können, das wird ihnen leider in vielen Fällen nicht gesagt, weil die eigene Lebensgestaltung - so die allgemeine Meinung - ja sowieso nur eine Nebenrolle spielt.

Und das, obwohl sogar die Weltgesundheitsorganisation (WHO) davon spricht, dass bis zu 80 % der Krebserkrankungen durch äußere Faktoren wie Ernährung, Lebensstil, Umweltgifte und dergleichen beeinflusst werden.

Welche Faktoren also jeder einzelne von uns aktiv beeinflussen kann und somit seine Chancen auf Krebsfreiheit bzw. allgemein Gesundheit erhöhen kann, darum geht es auf den folgenden Seiten.

Nach Dr. Veronique Desaulniers ist Krebs (und jede andere Krankheit auch) lediglich ein Symptom. Sie sagt "Krebs kann ich einem gesunden Körper nicht bestehen". Sie teilt die vielen Einflussfaktoren auf 7 Gruppen auf, die sich auch mit den Studien und Erfahrungen anderer namhafter Experten wie Johannes Coy, David Servan-Schreiber uvm. decken.

Der Fokus in diesem Buch liegt auf dem Faktor mit der größten Hebelwirkung - der Ernährung.

Schon Hippokrates hat einst gesagt "Lass die Nahrung deine Medizin sein und Medizin deine Nahrung!"
Kräuterpädagog:innen heute sagen so: "Es gibt für jede Krankheit das richtige Kraut."

Egal wie wir es drehen und wenden, wir sind was wir essen (und was unser Essen gegessen hat). Der moderne Mensch sieht sich gerne isoliert von seiner Umwelt. Als mächtig und erhaben. Wir entstehen aus unserer Umwelt, wir leben inmitten von ihr und wenn wir sterben gehen wir wieder in unsere Umwelt über. Während wir leben essen wir das, was in unserer Umwelt wächst (oder in Fabriken chemisch erzeugt wird). Diese Nahrung liefert die Energie und Bausteine, für den eigenen Körper, für den Stoffwechsel, Zellerneuerung, den Hormonhaushalt und damit für unser gesamtes Sein, die Gesundheit und unser Empfinden.

Wenn jetzt also Expert:innen immer noch der Meinung sind, dass Ernährung bei Krebs eine untergeordnete Rolle spiele, dann stellt sich die Frage, woraus diesen Expert:innen zufolge wir bestehen.

Allerdings - so ehrlich muss dann auch sein - gibt es auch unter den Expert:innen, die der Ernährung den hohen Stellenwert beimessen, die sie verdient, verschiedene Meinungen über die optimale Anti-Krebs-Ernährung. Fragen Sie 10 Leute, bekommen Sie 10 Meinungen.

Deshalb hier ein paar Grundbausteine, bevor in dem Buch noch näher auf Ernährungsfaktoren eingegangen wird, die sozusagen der kleinste gemeinsame Nenner der meisten Ernährungsphilosophien sind:

- Saisonalität
  - Winterpflanzen, wie zum Beispiel verschiedene Kohlgewächse, versorgen uns mit Unmengen von Vitamin C und Bitterstoffen. Zwei Faktoren, die unser Immunsystem bei der Abwehr von der Kälte und den typischen Infekten in der Winterzeit unterstützen.
  - Sommerpflanzen wie zum Beispiel Gurken, Tomaten aber auch Zitrusfrüchte kühlen unseren aufgeheizten Körper und versorgen uns mit viel Wasser.
  - Außerdem müssen bei saisonalen Pflanzen weniger chemische Helferlein eingesetzt werden, da die passenden Umweltfaktoren das Wachstum sowieso fördern.
- Regionalität
  - Damit einher geht auch der Faktor der Regionalität. Regionale pflanzliche Lebensmittel werden reif geerntet und haben somit alle Nährstoffe entwickeln können. Im Gegensatz dazu wird Obst und Gemüse aus ferneren Ländern unreif geerntet und nur durch den Einsatz von chemischen Mitteln unnatürlich "nachgereift" - bzw. nur nach-gefärbt. Die Dichte der Nährstoffe und auch der Geschmack kann dabei niemals mit regionalen Lebensmitteln mithalten. (Sie haben es vielleicht schon selber erlebt, dass eine Südfrucht aus dem jeweiligen Ursprungsland dort im Urlaub viel süßer und vollmundiger schmeckt als die gleiche Frucht aus dem zentraleuropäischen Supermarkt).
- Pflanzenbasierte Ernährung
  - Ja, diese Basis teilen selbst die Anhänger der Fleischdiät mit den Veganern. Denn bei der Fleischdiät geht es auch um Fleisch von Tieren, die sich artgerecht, sprich von vielen Gräsern und Kräutern ernährt haben. Die Masse an Getreide in der heutigen Ernährung - egal ob bei Mensch oder Tier - entspricht nicht der natürlichen Ernährungsweise. Sie macht uns krank, dick und manche behaupten sogar dumm (das weist auf die Schädigung der neuronalen Netzwerke hin, die durch den Konsum von Kohlenhydraten passiert hin). Pflanzen im Sinne von Gemüse, Kräutern,

Salaten, Sprossen, in geringen Mengen Obst, Nüsse, Samen, etc. liefern neben den viel beschriebenen Vitaminen und Mineralstoffen vor allem sekundäre Pflanzenstoffe, die herausragende Heilwirkung haben. So werden eine Vielzahl unserer Medikamente auf Basis der natürlich vorkommenden Pflanzenstoffe nachgebaut. Allerdings sind da diverse Säuren und andere Wirkstoffe extrahiert und wirken nur alleine - mit den Pflanzen selbst nehmen wir sie in einer reichhaltigen und sich gegenseitig verstärkenden Kombination vielerlei wirksamer Stoffe zu uns.

Ja zusätzlich zu diesen 3 großen Punkten gibt es immer noch sehr viel zu beachten. Ein optimales Verhältnis von Omega 3 zu Omega 6 Fettsäuren (empfohlen wird 1:3), eine individuell und situationsbedingte Eiweißversorgung und so weiter.

Eine ganz gute und einfache Richtlinie für die alltägliche Ernährung bietet der ideale Teller. Der sieht so aus, dass möglichst jede Mahlzeit zur Hälfte aus pflanzlichen Bestandteilen besteht, ein Viertel der Eiweißversorgung dient und ein Viertel die Mahlzeit durch gute Fette und eventuell Kohlenhydrate abrundet.

Die Feinjustierung rund um die Zubereitungsarten, die Zusammenstellungen und so weiter sehe ich als sehr individuell an. Es gibt meines Erachtens nicht die 1 perfekte Ernährung bei Krebs. Es gibt so viele großartige Philosophien und Studien, die alle wunderbare Heilungen berichten und sich dabei aber gegenseitig ausschließen. Was auf den ersten Blick vielleicht paradox wirkt, eröffnet bei näherer Betrachtung ganz viele Möglichkeiten des Probierens und neuer Chancen.

Neben der Ernährung werden noch folgende Faktoren genannt:
- die Giftstoffbelastung in unserer Umwelt sowie in Pflegeprodukten oder eben in der Ernährung
- eine Balance aus Aktivität, (kurzzeitigem) Stress und der Entspannung wie auch Schlaf
- Aufarbeitung der emotionalen Wunden aus der Vergangenheit und Steigerung der Resilienz
- Biologische Zahnheilkunde
- eine optimierte Versorgung durch Heilkräuter, Heilpilze udgl.
- Früherkennung durch bewährte und schonende Verfahren

1.2 Beschreibung

Die Leukämie zeigt eine überschießende Vermehrung weißer Blutkörperchen (Leukozyten) im Knochenmark, die jedoch unreif und nicht funktionstüchtig sind. Dies verhindert die normale Blutbildung und führt zu einem Mangel aller Formen von roten und weißen Blutkörperchen und Blutplättchen. Die Diagnose stellt der Arzt durch eine Blutuntersuchung und durch die Entnahme einer Knochenmarkprobe (Knochenmarkbiopsie). Leukämien werden meistens mittels Chemotherapie und Knochenmarktransplantation behandelt. Weil bei der Leukämie das Immunsystem stark geschwächt ist, sind Leukämie-Patienten sehr anfällig für Infektionen. Mit der richtigen Ernährung kann das Immunsystem unterstütz werden.

1.3 Therapiestrategie

Vermeidung einer Infektion des Magen- Darm- Trakts (durch Bakterien, Pilze und Viren) und nachfolgender Komplikationen wie z.B. septischer Einschwemmung von Erregern in den Organismus.
Möglichst nur Speisen verwenden, welche durch einen ausreichenden Kochprozess Keim- und Sporenfrei sind. Es ist zu achten, dass Fleisch, Geflügel, Eier, Fisch oder Gemüse ganz durchgegart sind. Konserven und gefriergetrocknete Lebensmittel (Kartoffelpüree, Milchpulver, Fertigsuppen) sind eine schnelle Alternative.

1.4 Vermeiden

Halbrohe oder rohe Fleisch und Wurstprodukte, paniertes Fleisch, Fleisch oder Wurstsalat mit Mayonnaise, Fisch der nicht gar ist (z.B. geräucherter Fisch), panierter Fisch, Fischsalate, Brathähnchen mit Haut, paniertes Geflügelfleisch, Geflügelsalate, rohe nicht ganz durchgekochte Eier (z.B. Rührei, Spiegelei, weiche Eier, Produkte mit Mayonnaise, Produkte wo rohe Eier verarbeitet und nicht durchgegart wurden, Tiramisu, Sauce Hollandaise)- nicht-schälbares Obst (Kirschen, Weintrauben, Pfirsiche, Nektarinen, Pflaumen usw.), schälbares Obst mit Druckstellen und überreifes Obst, sowie Dörrobst, frisches, rohes Gemüse und Salate, Pilze (z.B. Blattsalate, geriebene Karotten, Radieschen, rohe Kräuter wie Petersilie usw.), nicht konservierte Obst und Gemüsesäfte.
- frische Nüsse (hohe Belastung mit Pilzsporen), Müsli und Haferflocken
- blähende Speisen (Rotkohl, Sauerkraut, Bohnen, Paprika usw.), scharf gewürzte Speisen (Chili con carne usw.), sehr süße Speisen, Speisen und Getränke die sehr viel Säure enthalten (Zitrussäfte,

Tomatensuppe, stark essighaltige Speisen), fette Speisen (Ölsardinen, Schweinshaxe usw.), sehr harte Nahrungsmittel (harte Semmeln, scharfkantige Bonbons.

2 Speiseplan

2.1 Frühstück

Bananen-Sojamilch	125,8
Fischsuppe mit Rosmarin	271,3
Fischsuppe mit Weißwein, Lorbeer und Majoran	199,7
Frischkäseersatz	526,0
Frühstück – eiweißarm	555,6
Frühstück mit Käse	512,1
Gekochter Selleriesalat mit exotischen Gewürzen	165,1
Gemüsetopf mit Tofu und Curry auf Naturreis	162,0
Geröstete Hirse mit Pflaumenkompott	139,3
Grießbrei mit Banane	307,3
Herzhafter Polentabrei	262,0
Hüttenkäse mit gedünstetem Obst	214,5
Karotten- Reisschleimsuppe	101,0
Kartoffel-Basilikumsuppe	95,6
Kompott aus Äpfeln	67,3
Kompott aus einheimischem Obst und Trockenfrüchten	45,0
Kuzuwasser	6,8
Nudel-Auflauf mit Quark und Pfirsichen	442,4
Pikante Tofu-Gemüse-Pfanne	241,4
Reispudding	316,2
Rhabarber-Apfel-Grütze	180,0
Rinderkraftbrühe	124,8
Spinatgemüse	263,0
Tee aus Grüntee	3,0
Tee aus Holunderblüten	7,1
Tee aus Schafgarbe	0,0
Tee aus Wermutkraut	0,0
Teemischung appetitanregend	0,5

2.2 Jause

Vollmilch-Getreide-Brei	206,0

2.3 Mittag

2.4 Nachmittag

2.5 Abend

3 Rezepte

empfehlenswert = Sie können mehr verwenden
wenig = wenn möglich weniger verwenden
weniger als angegeben = möglichst nicht verwenden

3.1 8 Schätze Reis

Harntreibend, erwärmt den Körper von innen, erweitert die Gefäße,
stärkt die Muskeln, reguliert Innenorganfunktionen, stärkt Milz, lindert
Diarrhö, reduziert Ausfluss, baut Lunge, Milz und Nieren auf, beruhigt
Nerven.

Anzahl Portionen: 4
Kalorien p. Portion 213
Gramm p. Portion 266,25
Kochdauer ca.   1 Stunde
(Kohlehydrat:89,13% / Eiweiß & Fett:10,87%)
100g.≈ Eiweiß 4,52g. Fett:1,32g.
µg. - Ph:18,36 Na:0,75 Ka:8,74 Mg:9,04 Ca:2,25 Fe:0,15 Zn:0,03 Col.:0 Hsr.:7,57

Zutaten:
Lilienzwiebel 1 EL / 5g. ()
Longane 1 EL / 5g. (ja)
Weißwurz 1 EL / 5g. (ja)
Yamswurzel, Yamswurzelknolle 1 EL / 5g. (ja)
Hiobsträne (Samen) YiYi Ren 1 EL / 5g. (ja)
Reis Wilder (Naturreis) 2 Tassen / 240g. (ja)
Wasser 8-10 Tassen / 800g. (ja)

Kochanleitung:
Je 1 EL: Bai He (Lilienzwiebel), Longan (Longan/Drachenaugenfrucht),
Yu Zhu (Wohlriechender Weißwurz-Wurzelstock), Da Zao, Shan Yao
(Yamswurzel, Yamswurzelknolle), Lian Mi, Yi Yi Ren (Samen der
Hiobsträne), Qian Shi (Makanasternsamen)Mit heißem Wasser
übergießen und ca. 30 Min. einweichen. Anschließend: 1-2 Tassen
Reis (normal) hinzufügen und ½ bis 1 Std. köcheln, bis der Reis sehr
weich ist. Oder: Aus Vollwertreis ca. 3 Std. lang zusammen mit den
 Kräutern ein Congee kochen. Dann müssen die Kräuter nicht
eingeweicht werden.

3.2 Artischockensuppe

Fördert Appetit, entgiftet, reguliert die Verdauung, nährt Blut, erweitert Blutgefäße, sanftes Abführmittel, fördert Gewichtsabnahme, stärkt Magen-Darm-Funktion, bakterizid, beugt Krebs vor, harntreibend.

Anzahl Portionen: 3
Kalorien p. Portion   143
Gramm p. Portion   243,67
Kochdauer ca.   40 min.
Allergene: GLN
(Kohlehydrat:60,32% / Eiweiß & Fett:39,68%)
100g.≈ Eiweiß 3,3g. Fett:10,01g.
µg. - Ph:18,58 Na:43,88 Ka:39,61 Mg:18,21 Ca:61,23 Fe:0,29 Zn:0,03 Col.:0,73
Hsr.:11,24

Zutaten:

Artischocke 4 Stück / 400g. (ja)
Butter Bio 1 EL / 20g. (ja)
Zwiebel Schalotte 1 Stück / 20g. (ja)
Mais Mehl (Maizena) 1 EL / 10g. (ja)
Muskatnuss 1 Prise / 0,5g. (ja)
Grundrezept für eine Gemüsebrühe nahrhaft 1/4 Liter / 250g. (ja)
Salz 1 Prise / 0,5g. (wenig)
Zitrone 1/4 Stück / 8g. (wenig)
Zitrone Schale 1/4 Stück / 1g. (ja)
Kurkuma (Gelbwurz) 1 Prise / 1g. (empfehlenswert)
Sesam Paste (Tahini) 1 EL / 10g. (ja)
Sesam, Weißer 1 TL / 10g. (wenig)

Kochanleitung:

Artischocken in gut 2 l gesalzenem Wasser kochen, bis die Außenblätter leicht abgehen. Blätter und faserige Blütenmitte entfernen, so dass nur der Boden übrigbleibt. Butter zerlassen, Zwiebel klein schneiden und leicht andünsten. Etwas Maismehl und Muskat zugeben und mit Gemüsebrühe aufgießen. Salz, etwas Zitronenschale und -saft, Kurkuma und Artischockenböden hinzufügen, weich kochen und pürieren. Am Ende mit Tahin abschmecken und vor dem Servieren mit Sesam bestreuen.

3.3   Aubergine mit Olivenöl und Kurkuma

Fördert Durchblutung, lindert Entzündung und Schmerzen, fördert
Verdauung, hilft Fett zu verdauen, ist harntreibend, senkt Blutdruck.

Anzahl Portionen: 2
Kalorien p. Portion   432
Gramm p. Portion   321,5
Kochdauer ca.   30 Min.
Allergene: A
(Kohlehydrat:47,45% / Eiweiß & Fett:52,55%)
100g.≈ Eiweiß 6,14g. Fett:30,66g.
µg. - Ph:12,28 Na:20,77 Ka:85,6 Mg:5,48 Ca:7,09 Fe:0,18 Zn:0,05 Col.:0,02 Hsr.:9,67

Zutaten:
Aubergine 2 Stück / 300g. (ja)
Olivenöl 4 EL / 60g. (ja)
Tomate 4 Stück / 200g. (ja)
Kurkuma (Gelbwurz) 1/2 TL / 1g. (empfehlenswert)
Kümmel 1 Prise / 1g. (ja)
Salz 1 Prise / 1g. (wenig)
Weißbrot (Weizenbrot) 4 Scheiben / 80g. (wenig)

Kochanleitung:
Aubergine in Scheiben schneiden und mit halbierten Tomaten auf
einem Backblech ausbreiten. Mit Olivenöl beträufeln und mit Kurkuma,
Kümmel und Salz würzen. Im Ofen 20 Min. backen. Mit dem Weißbrot
servieren.

3.4   Bananen-Sojamilch

Gut bei Appetitlosigkeit, Mundschleimhautentzündung. Stärkt
Körperenergie, fördert Verdauung, lindert Schmerzen, entgiftet,
bakterizid.

Anzahl Portionen: 2
Kalorien p. Portion   126
Gramm p. Portion   263
Kochdauer ca.   5 Min.
Allergene: E
(Kohlehydrat:59,53% / Eiweiß & Fett:40,47%)
100g.≈ Eiweiß 7,49g. Fett:4,14g.
µg. - Ph:21,94 Na:251,11 Ka:110,08 Mg:13,31 Ca:9,78 Fe:0,4 Zn:0,11 Col.:0 Hsr.:33,68

Zutaten:
Banane 1 Stück / 120g. (empfehlenswert)
Sojabohnenmilch 400 ml. / 400g. (ja)

Honig 1 TL / 3g. (ja)
Zimtpulver 1 Prise / 1g. (ja)
Acerola Fruchtnektar oder Pulver 1 TL / 2g. (empfehlenswert)

Kochanleitung:
Banane in Stücke schneiden, mit Sojamilch, Acerola, Honig und Zimt
mit dem Mixstab pürieren.

3.5 Fischsuppe mit Rosmarin

Stärkt Magen, Milz und Leber, senkt Blutdruck, bakterizid, stärkt
Immunsystem, beugt Krebs vor, reduziert Strahlenverletzungen, ist
cholesterinarm und eiweißreich, fördert Durchblutung, regt Appetit an,
antioxidativ, löst Stagnation.

Anzahl Portionen: 4
Kalorien p. Portion 271
Gramm p. Portion 284,25
Kochdauer ca.   30 Min.
Allergene: DLO
(Kohlehydrat:38,39% / Eiweiß & Fett:61,61%)
100g.≈ Eiweiß 15,39g. Fett:14,78g.
µg. - Ph:19,71 Na:7,22 Ka:47,56 Mg:3,06 Ca:5,32 Fe:0,13 Zn:0,03 Col.:0,01 Hsr.:14,36

Zutaten:
Grundrezept für eine Fischbrühe 1/2 Liter / 500g. (wenig)
Rosmarin 1/2 Bund / 7g. (ja)
Zwiebel Frühlingszwiebel 1 Stück / 20g. (ja)
Olivenöl 2 EL / 35g. (ja)
Fischstücke gemischt (Süßwasser) 250 g. / 250g. (empfehlenswert)
Karotte (Mohrrübe, Möhre) 1 Stück / 120g. (ja)
Pastinake 1 Stück / 180g. (ja)
Sellerie Knolle 1 Scheibe / 20g. (ja)
Salz 1 Prise / 1g. (wenig)
Pfeffer Körner 2 Stück / 1g. (wenig)
Knoblauch 1 Zehe / 3g. (empfehlenswert)

Kochanleitung:
Zwiebel und Knoblauch in Öl glasig braten und mit Fischbrühe
aufgießen. Gewürfelte Karotte, Pastinake und Sellerie hinzugeben. Mit
Salz und Pfefferkörnern würzen. Die Suppe 25 Min. bei schwacher
Hitze köcheln lassen. Den Fisch waschen, mit Zitronensaft beträufeln,
in Stücke teilen und mit dem abgezupften Rosmarin in die Suppe
geben. Alles 5 Min. bei schwacher Hitze garen. Schnittlauch und
Petersilie dazugeben und die Suppe mit dem Salz abschmecken.

3.6 Fischsuppe mit Weißwein, Lorbeer und Majoran

Kräftigt Nieren, nährt Blut und Säfte, harntreibend, stärkt Milz und Leber, senkt Blutdruck, fördert Durchblutung, verbessert Medikamentenwirkung, regt Appetit an, bakterizid.

Anzahl Portionen: 3
Kalorien p. Portion 199
Gramm p. Portion 302,67
Kochdauer ca. 45 Min.
Allergene: DLO
(Kohlehydrat:67% / Eiweiß & Fett:33%)
100g.≈ Eiweiß 7,82g. Fett:3,77g.
µg. - Ph:2,67 Na:2,95 Ka:13,85 Mg:0,87 Ca:2,48 Fe:0,04 Zn:0,02 Col.:0 Hsr.:1,86

Zutaten:
Zwiebel Frühlingszwiebel 2 Stück / 40g. (ja)
Knoblauch 1 Zehe / 2g. (empfehlenswert)
Grundrezept für eine Fischbrühe 1/2 Liter / 500g. (wenig)
Karotte (Mohrrübe, Möhre) 1 Stück / 60g. (ja)
Pastinake 1 Stück / 100g. (ja)
Sellerie Knolle 1 Scheibe / 60g. (ja)
Salz 1 Prise / 1g. (wenig)
Pfeffer Körner 2 Stück / 1g. (wenig)
Zitrone 1/4 Stück / 10g. (wenig)
Weißwein 1/8 Liter / 125g. (wenig)
Lorbeerblatt 2 Blätter / 1g. (ja)
Rosmarin 1 TL / 2g. (ja)
Lauchzwiebel Schnittlauch 1 TL (gehackt) / 3g. (ja)
Petersilie 1 TL Gehackt / 3g. (ja)

Kochanleitung:
Zwiebel und Knoblauch in Öl glasig braten. Mit Fischbrühe aufgießen und gewürfelte Karotte, Pastinake und Sellerie zugeben. Mit Salz und Pfefferkörnern würzen und die Suppe 25 Min. bei schwacher Hitze köcheln lassen. Den Fisch waschen, mit Zitronensaft beträufeln, in Stücke teilen und mit dem Wein, den Lorbeerblättern und dem Majoran in die Suppe geben. Alles 5 Min. bei schwacher Hitze garen. Schnittlauch und Petersilie dazugeben und die Suppe mit dem Salz abschmecken.

3.7 Frischkäseersatz

Gut bei Laktoseintoleranz. Gut bei Abwehrschwäche, Appetitlosigkeit, Arteriosklerose, Blähungen, Blasenschwäche, Blutarmut, Bluthochdruck, Depressionen, Diabetes, Durchfall. Stärkt Körperenergie, fördert Verdauung und Gewichtsabnahme.

Anzahl Portionen: 2
Kalorien p. Portion 526
Gramm p. Portion   328
Kochdauer ca.   20 Min.
Allergene: AE
(Kohlehydrat:63,78% / Eiweiß & Fett:36,22%)
100g.≈ Eiweiß 19,62g. Fett:12,76g.
µg. - Ph:65,08 Na:279,59 Ka:111,24 Mg:19,56 Ca:10,63 Fe:0,82 Zn:0,33 Col.:0
Hsr.:32,32

Zutaten:

Sojabohnenmilch 1 Liter / 300g. (ja)
Zitrone 1 Stück / 50g. (wenig)
Kräuter verschiedene 2 EL / 6g. (ja)
Vollkornbrot 6 Scheiben / 300g. (empfehlenswert)

Kochanleitung:

Sojamilch in einen Topf geben, unter gelegentlichem Rühren (brennt leicht an!) zum Kochen bringen und abkühlen lassen. Zitrone auspressen, leicht unter die abgekühlte Sojamilch (ca. 80 Grad) rühren und ca. 20 Min. ruhen bzw. gerinnen lassen. Geronnene Sojamilch durch ein mit dem Geschirrtuch ausgelegtes Sieb gießen, Flüssigkeit ablaufen lassen und danach Restflüssigkeit mit dem Geschirrtuch auspressen. Nach Geschmack mit frischen Kräutern verfeinern. Dazu Vollkornbrot servieren.

3.8 Frühstück – eiweißarm

Regt Appetit an, entgiftet, erhöht Blutzucker, harmonisiert Herz-Rhythmus. Gut bei Erbrechen, Ernährungsstörungen, Durchfallerkrankungen und Verdauungsstörungen.

Anzahl Portionen: 1
Kalorien p. Portion 556
Gramm p. Portion   320
Kochdauer ca.   10 Min.
Allergene: GO
(Kohlehydrat:69,63% / Eiweiß & Fett:30,37%)
100g.≈ Eiweiß 4,6g. Fett:26,83g.
µg. - Ph:104,6 Na:231,3 Ka:55,47 Mg:5,9 Ca:24,28 Fe:0,28 Zn:0,23 Col.:15,0 Hsr.:48,75

Zutaten:
Brot mit Johannisbrotkernmehl 80 g. / 80g. (ja)
Butter Bio 20 g. / 20g. (ja)
Aprikosen Marmelade 30 g. / 30g. (empfehlenswert)
Frischkäse mit Kräuter 30 g. / 30g. (ja)
Kaffee 150 ml. / 150g. (ja)
Zucker (weiß, aus Rüben) 10 g. / 10g. (wenig)

Kochanleitung:
Kaffee je nach Geschmack zubereiten, Frischkäse - wenn möglich - mit frischen Kräutern selbst zubereiten.

3.9 Frühstück mit Käse

Körperschwäche, Magendruck, Aufstoßen, Diabetes, akute oder chronische Verstopfung des Darmes, Hautprobleme. Kaffee wirkt harntreibend, regt Appetit an, entgiftet, erhöht Blutzucker, harmonisiert Herz-Rhythmus.

Anzahl Portionen: 1
Kalorien p. Portion 512
Gramm p. Portion 324
Kochdauer ca. 10 Min.
Allergene: AGO
(Kohlehydrat:47,95% / Eiweiß & Fett:52,05%)
100g.≈ Eiweiß 21,38g. Fett:30,96g.
µg. - Ph:145,95 Na:235,6 Ka:118,6 Mg:23,16 Ca:98,48 Fe:0,9 Zn:1,2 Col.:7,47 Hsr.:21,3

Zutaten:
Wasser 1 Tasse / 120g. (ja)
Kaffee 2 TL / 4g. (ja)
Vollkornbrot 2 Scheiben / 100g. (empfehlenswert)
Margarine 10 g. / 10g. (ja)
Edamer 30 g. / 30g. (ja)
Erdbeermarmelade 20 g. / 20g. (empfehlenswert)
Topfen (Quark) 20% 40 g. / 40g. (ja)

Kochanleitung:
Kaffee wie gewohnt zubereiten. Zucker vermeiden oder Süßstoff verwenden. Bestreichen Sie die Brote mit Margarine und geben Sie den Käse und die Marmelade zur Auswahl auf den Frühstückstisch. Dekorativ anrichten erhöht den Appetit.

3.10 Gegrillte Lachssteaks mit Blumenkohl und Kartoffeln

Verbessert Verdauung, regeneriert Haut, harntreibend, senkt Cholesterinspiegel.

Anzahl Portionen: 4
Kalorien p. Portion 329
Gramm p. Portion   386,75
Kochdauer ca.   30 Min.
Allergene: D
(Kohlehydrat:33% / Eiweiß & Fett:67%)
100g.≈ Eiweiß 33,21g. Fett:24,12g.
µg. - Ph:7,53 Na:1,45 Ka:21,74 Mg:1,35 Ca:0,97 Fe:0,04 Zn:0,03 Col.:0,71 Hsr.:4,74

Zutaten:
Knoblauch 1 Zehe / 1g. (empfehlenswert)
Zwiebel Schalotte 1/2 Stück / 5g. (ja)
Zitrone Saft 1 Spritzer / 1g. (wenig)
Salz 1 Prise / 1g. (wenig)
Blumenkohl (Karfiol) 1 Stück / 500g. (ja)
Olivenöl 2 EL / 20g. (ja)
Knoblauch 1 Zehe / 1g. (empfehlenswert)
Wasser 1/4 Tasse / g. (ja)
Petersilie 3 EL / 15g. (ja)
Kartoffel 500 g. / 500g. (ja)
Salz 1 Prise / 1g. (wenig)
Lachs 4 Stück (Steaks) / 500g. (wenig)
Zitrone 1/2 Stück / 2g. (wenig)

Kochanleitung:
Knoblauch-Schalotten-Mischung: Knoblauch fein zerdrücken, Schalotten fein hacken, einen Spritzer Zitronensaft und Salz dazugeben und verrühren. Mit wenig Öl zu einer Paste verrühren. Blumenkohl: Den Blumenkohl in halbwegs gleichmäßige Stücke zerteilen. In einem schweren Topf das Öl erhitzen und den zerdrückten Knoblauch kurz anbraten. Die Blumenkohlstücke hineingeben und im Öl wenden. Etwas Wasser zugießen und so lange kochen, bis der Blumenkohl bissfest ist. Den Blumenkohl abseihen und das restliche Wasser einkochen lassen, bis eine dicke Soße übrigbleibt. Blumenkohl wieder dazugeben und mit einem Holzlöffel grob zerdrücken. Die gehackte Petersilie und Salz hinzugeben. Kartoffeln: In einem Topf mit viel Wasser die Kartoffeln weich kochen, abseihen und schälen .Lachssteak: Den Backofen bei ca. 180 Grad vorheizen. Die Lachsscheiben mit der Knoblauch-Schalotten-Mischung einreiben und so dicht wie möglich an der Wärmequelle jeweils 4 bis 8 Min. von beiden Seiten grillen. Sie sind

fertig, wenn sich beim Einstechen mit einer Gabel das Fleisch leicht teilen lässt. Alles anrichten und mit Zitronenscheiben und der gehackten Petersilie bestreuen.

3.11 Gegrillte Lammkoteletts mit Süßkartoffelpüree

Lindert Schwächezustände, stärkt Lunge, Milz, Magen und Immunsystem, baut Fett ab, verbessert die Verdauung.

Anzahl Portionen: 2
Kalorien p. Portion 914
Gramm p. Portion 424,5
Kochdauer ca. 45 Min.
Allergene: E
(Kohlehydrat:35% / Eiweiß & Fett:65%)
100g.≈ Eiweiß 32,47g. Fett:49,26g.
µg. - Ph:26,72 Na:50,25 Ka:72,67 Mg:6,79 Ca:8,42 Fe:0,35 Zn:0,54 Col.:6,99 Hsr.:20,21

Zutaten:
Lamm Fleisch 6 Stück (Koteletts) / 300g. (ja)
Knoblauch 2 Zehen / 3g. (empfehlenswert)
Rosmarin 2 EL / 5g. (ja)
Salz 1 Prise / 1g. (wenig)
Olivenöl 2 EL / 20g. (ja)
Süßkartoffel 300 g. / 300g. (ja)
Basilikum 1 EL / 3g. (ja)
Sojabohnenmilch 100 g. / 100g. (ja)
Basilikum 1 EL / 3g. (ja)
Salz 1 Prise / 1g. (wenig)
Muskatnuss 1 Prise / 0,5g. (ja)
Pfeffer gemahlen 1 Prise / 0,5g. ()
Mangold 2 Handvoll / 20g. (ja)
Spinat 2 Handvoll / 20g. (ja)
Wirsing/Grünkohl 2 Handvoll / 20g. (ja)
Weißkohl/Weißkraut 2 Handvoll / 20g. (ja)
Kräuter verschiedene 1 Handvoll / 10g. (ja)
Olivenöl 2 EL / 20g. (ja)
Salz 1 Prise / 1g. (wenig)
Pfeffer gemahlen 1 Prise / 0,5g. ()

Kochanleitung:
Lammkoteletts: Den Backofengrill auf ca. 180 Grad vorheizen und für das Einschubgitter eine Höhe wählen, die ca. 8 bis 12 cm von der Wärmequelle entfernt ist. Die Koteletts von überschüssigem Fett befreien und in eine feuerfeste Form legen. Das Fleisch zunächst mit Knoblauch, dann mit der Rosmarin-Salz-Mischung einreiben und einige

TL Olivenöl darüber verteilen. Die Lammkoteletts einmal wenden, damit sie beidseitig mit Öl überzogen sind, unter den Grill schieben und von beiden Seiten jeweils 5 bis 7 Min. grillen, bzw. so lange, bis das Fleisch gut gebräunt ist. Süßkatoffelpüre: Die Süßkartoffeln schälen, in große Würfel schneiden, in Salzwasser weich kochen und abseihen. Im 100 Grad heißen Ofen für einige Minuten ausdampfen lassen. Süßkartoffeln in der Küchenmaschine mit abgezupften Basilikumblättern kurz pürieren. Ca. 1/8 l Sojamilch mit Basilikum einmal aufkochen, etwas durchziehen lassen, abseihen und mit den passierten Süßkartoffeln verrühren. Mit Salz, Pfeffer und Muskatnuss würzen. Je nach Konsistenz des Pürees noch etwas Milch zugeben. Gedünstetes Blattgemüse: Je nach Jahreszeit Mangold, Spinat, Wirsing, Weißkohl, frische Kräuter und Beifuß in einem Topf mit Olivenöl weichdünsten. Mit Salz und Pfeffer abschmecken.

3.12 Gegrillter Tofu mit Reisnudeln, Spinat und Zuckerschoten

Lindert Blähungen, harntreibend, entgiftend, stärkt Magen-Darm-Funktion, erweitert Blutgefäße, regt Appetit an, fördert Ausscheidung und Durchblutung.

Anzahl Portionen: 4
Kalorien p. Portion 327
Gramm p. Portion 373
Kochdauer ca. 30 Min.
Allergene: E
(Kohlehydrat:49,87% / Eiweiß & Fett:50,13%)
100g.≈ Eiweiß 24,38g. Fett:10,73g.
µg. - Ph:31,18 Na:1,57 Ka:31,66 Mg:18,57 Ca:14,87 Fe:0,41 Zn:0,04 Col.:0 Hsr.:26,16

Zutaten:
Sake 85 ml / 85g. (ja)
Zucker Ursüße (Zuckerrohr) süß 1 EL / 7g. (wenig)
Knoblauch 5 Zehen / 7g. (empfehlenswert)
Zwiebel Frühlingszwiebel 3 Stück / 60g. (ja)
Ingwer frisch 3 cm. / 5g. (wenig)
Rapsöl 2 EL / 20g. (ja)
Spinat 2 Handvoll / 30g. (ja)
Erbse, grün 450 g. / 400g. (ja)
Wasser 1 EL / g. (ja)
Reisnudeln 1 Paket / 250g. (ja)
Wasser 1 Liter / g. (ja)
Basilikum 1 EL / 3g. (ja)
Soja Tofu 500 g. / 500g. (ja)

Kochanleitung:

Für die Marinade: Tamari-Soße, Reiswein, Zucker, zerdrückten Knoblauch, Frühlingszwiebel, geriebenen Ingwer, gehackten Basilikum und das Rapsöl in einer mittelgroßen Schüssel miteinander vermengen. Den Tofu hineingeben und mindestens 1 Std. in der Marinade ziehen lassen. Die Zuckerschoten in einer Pfanne zugedeckt mit wenig Wasser 5 Min. leicht andünsten, den Spinat zufügen und nochmals 3 Min. weiterdünsten. Die Reisnudeln nach Herstellerangaben kochen, abtropfen lassen, mit warmem Wasser nochmals abspülen und abtropfen lassen. Den Grill oder Backofengrill vorheizen, den Tofu von beiden Seiten jeweils 5 Min. grillen und beiseite stellen. Die Nudeln auf den Tellern anrichten, das Gemüse rundherum aufteilen und den Tofu über die Nudeln geben. Mit der Marinade übergießen.

3.13 Gekochter Selleriesalat mit exotischen Gewürzen

Stärkt Magen, bindet Wasser im Darm, antibakteriell, blutbildend, blutreinigend, entzündungshemmend, harntreibend, fördert Durchblutung.

Anzahl Portionen: 4
Kalorien p. Portion 165
Gramm p. Portion 341,12
Kochdauer ca. 30 Min.
Allergene: GLMNO
(Kohlehydrat:47,77% / Eiweiß & Fett:52,23%)
100g.≈ Eiweiß 5,56g. Fett:9,14g.
µg. - Ph:13,51 Na:24,66 Ka:69,44 Mg:3,02 Ca:20,16 Fe:0,1 Zn:0,01 Col.:0,2 Hsr.:12,08

Zutaten:

Sellerie Knolle 1 1/2 Stück / 900g. (ja)
Joghurt (natur, 3,5 % Fett) 1 Becher / 250g. (ja)
Sauerrahm 15% Fett 2 EL / 20g. (ja)
Kurkuma (Gelbwurz) 1 Prise / 1g. (empfehlenswert)
Sesamöl 1 EL / 20g. (ja)
Pfeffer gemahlen 1 Prise / 0,5g. ()
Zitronengras 1 Prise / 1g. (ja)
Zwiebel weiss 1/2 Stück / 25g. (ja)
Senf 1/2 TL / 1g. (ja)
Schwarzkümmel 1 Prise / 1g. (ja)
Salz 1 Prise / 1g. (wenig)
Zitrone Saft 1 Stück / 40g. (wenig)
Apfel (sauer) 1/2 Stück / 100g. (ja)
Paprika (Rosenpaprikapulver) 1 Prise / 1g. (ja)
Essig (Apfelessig) 1 Schuss / 3g. (ja)

Kochanleitung:
Den Sellerie waschen, schälen und in dicke Scheiben schneiden. In heißem Wasser gar kochen und in längliche, mundgerechte Streifen schneiden. Dressing: Etwas Joghurt, Sauerrahm, Kurkuma, Sesamöl, Pfeffer, Zitronengraspulver, fein geschnittene Zwiebel, etwas Senf, Salz, zerstoßenen Schwarzkümmel, etwas kaltes Wasser, Zitronensaft oder Essig gut vermengen. Den halben säuerlichen Apfel kleingeschnitten, etwas Rosenpaprika und den lauwarmen Sellerie dazugeben und gut vermischen. 2-3 Std. oder über Nacht ziehen lassen. Ideal als Ersatz für Rohkost, auf die man wegen Verdauungsschwäche verzichten möchte.

3.14 Gemüseeintopf mit provenzalischer Pistou

Stärkt Magen, Milz und Leber, senkt Blutdruck, bakterizid, stärkt Immunsystem, beugt Krebs vor, reduziert Strahlenverletzungen, löst Stagnation, lindert Verstopfung, produziert Muttermilch.

Anzahl Portionen: 8
Kalorien p. Portion 137
Gramm p. Portion 323,12
Kochdauer ca. 1 1/2 Stunden
Allergene: AGL
(Kohlehydrat:75% / Eiweiß & Fett:25%)
100g.≈ Eiweiß 5,89g. Fett:6,34g.
µg. - Ph:0,65 Na:0,64 Ka:2,48 Mg:1,06 Ca:4,28 Fe:0,02 Zn:0 Col.:0,01 Hsr.:0,25

Zutaten:
Tomate 200 g. / 200g. (ja)
Olivenöl 2 EL / 30g. (ja)
Knoblauch 1 Zehe / 5g. (empfehlenswert)
Toastbrot (Vollkorn) 1 Scheibe / 5g. (ja)
Parmesan 30 g. / 30g. (ja)
Basilikum (frisch) 1 Bund / 125g. (ja)
Salz 1 Prise / 2g. (wenig)
Pfeffer gemahlen 1 Prise / 1g. ()
Oregano getrocknet 1 TL / 3g. (ja)
Grundrezept für eine Gemüsebrühe nahrhaft 1 1/4 Liter / 1250g. (ja)
Karotte (Mohrrübe, Möhre) 150 g. / 150g. (ja)
Sellerie Knolle 100 g. / 100g. (ja)
Brokkoli 200 g. / 200g. (ja)
Fenchel 1 Stück / 250g. (ja)
Thymian getrocknet 1/2 TL / 2g. (ja)

Oregano getrocknet 1/2 TL / 2g. (ja)
Lorbeerblatt 1 Stück / 0,5g. (ja)
Erbse, grün 50 g. / 50g. (ja)
Zwiebel Frühlingszwiebel 4 Stück / 80g. (ja)
Kartoffel 100 g. / 100g. (ja)

Kochanleitung:
Soße: Tomaten abziehen, in kleine Stücke schneiden und zusammen
mit fein gehacktem Knoblauch in Olivenöl ein wenig einkochen.
Toastbrot (zerkrümelt), frischen fein geriebenen Parmesan, fein
geschnittenen Basilikum, Oregano, Salz und Pfeffer dazugeben.
Suppe: Gemüsebrühe nach Grundrezept zum Kochen bringen, in grobe
Scheiben geschnittene Karotten, würfelig geschnittenen Sellerie,
würfelig geschnittene Kartoffel, kleine Röschen Brokkoli,
kleingeschnittene Fenchelknolle, Erbsen, Thymian, Oregano und das
Lorbeerblatt hinzufügen und 10 Min. kochen lassen. Frühlingszwiebeln
in dünne Ringe geschnitten zufügen und weitere 2 Min. mitkochen.
Einige Esslöffel Soße in eine Suppenschüssel füllen und kochend heiße
Brühe damit verrühren. Nach und nach die Soße mit der Suppe
mischen.

3.15 Gemüsetopf mit Tofu und Curry auf Naturreis

Harntreibend, senkt Blutzucker und Blutdruck, lindert Blähungen,
unterstützt die Verdauung, enthält ideale pflanzliche Schleimstoffe, die
zur Regeneration der Dünn- und Dickdarmflora wertvolle Dienste
leisten, bakterizid, stärkt Immunsystem.
Anzahl Portionen: 6
Kalorien p. Portion 162
Gramm p. Portion   400,17
Kochdauer ca.   30 Min.
Allergene: E
(Kohlehydrat:56% / Eiweiß & Fett:44%)
100g.≈ Eiweiß 8,62g. Fett:6,02g.
µg. - Ph:1,42 Na:0,6 Ka:6,19 Mg:0,81 Ca:1,42 Fe:0,02 Zn:0,01 Col.:0 Hsr.:0,6

Zutaten:
Olivenöl 2 EL / 20g. (ja)
Knoblauch 2 Zehen / 3g. (empfehlenswert)
Zwiebel weiss 1 Stück / 60g. (ja)
Curry 2 EL / 16g. (ja)
Wasser 1/2 Liter / 500g. (ja)
Speiserüben 2 Stück / 50g. (ja)

Kürbis 1 Stück / 400g. (ja)
Karotte (Mohrrübe, Möhre) 1 Stück / 100g. (ja)
Pastinake 1 Stück / 150g. (ja)
Kartoffel 1 Stück / 70g. (ja)
Süßkartoffel 1 Stück / 70g. (ja)
Blumenkohl (Karfiol) 1/4 Stück / 250g. (ja)
Brokkoli 1/2 Stück / 250g. (ja)
Okra 12 Stück / 200g. (ja)
Soja Tofu 1 Stück / 250g. (ja)
Basilikum 3 EL / 12g. (ja)
Salz 1 Prise / 0,5g. (wenig)

Kochanleitung:
In einer großen, schweren Kasserolle das Öl bei mittlerer Temperatur
erhitzen, Knoblauch und Zwiebel dazugeben und unter ständigem
Rühren anschwitzen. Mit Currypulver nach Geschmack würzen, etwa 5
Min. behutsam mitbraten und darauf achten, dass Knoblauch und Curry
nicht anbrennen. Das Wasser zugießen und zum Kochen bringen. Nach
und nach sämtliche Gemüse schälen, würfeln und hineingeben und
dabei mit den Sorten beginnen, die die längste Garzeit benötigen.
Sobald das Wasser erneut kocht, zudecken, die Wärmezufuhr drosseln
und das Gemüse etwa 15 Min. köcheln lassen. Wenn es fast weich ist,
Blumenkohl- und Brokkoliröschen sowie die Okra dazugeben und den
Eintopf weitere 10 bis 15 Min. garen. Während der letzten 5 Min. den
Tofu hineingeben und erwärmen. Gleichzeitig den Naturreis kochen: In
einem mittleren Kochtopf mit Wasser den Reis einstreuen, salzen und
zugedeckt ca. 20 Min. auf kleiner Flamme kochen, vom Herd nehmen
und weitere 10 Min. ziehen lassen. Den Eintopf auf dem Naturreis
anrichten und mit Basilikum bestreuen.

3.16 Geröstete Hirse mit Pflaumenkompott

Harntreibend, stärkt Milz und Nieren, stärkt die Abwehr, gut bei
Pilzinfektionen.
Anzahl Portionen: 4
Kalorien p. Portion 139
Gramm p. Portion 218,25
Kochdauer ca. 30 Min.
(Kohlehydrat:85% / Eiweiß & Fett:15%)
100g.≈ Eiweiß 3,57g. Fett:1,24g.
µg. - Ph:2,99 Na:0,1 Ka:4,37 Mg:1,68 Ca:0,78 Fe:0,09 Zn:0,03 Col.:0 Hsr.:0,93

Zutaten:
Hirse 1 Tasse / 120g. (wenig)
Wasser 2 Tassen / 250g. (ja)
Pflaume 2 Tassen / 250g. (wenig)
Vanilleschote 1 Prise / 1g. (ja)
Wasser 250 g. / 250g. (ja)
Zimtpulver 1 Prise / 1g. (ja)
Acerola Fruchtnektar oder Pulver 1/2 TL / 1g. (empfehlenswert)

Kochanleitung:
Hirse kurz anrösten, mit Wasser übergießen, kurz aufkochen und 20
Min. quellen lassen. Pflaumen mit Wasser, Vanille und Zimt 10 Min.
kochen und abseihen. Acerola dazugeben und zu der Hirse reichen.

3.17 Grießbrei mit Banane

Reguliert Magen-Darm-Funktion, befeuchtet Darm,
entzündungshemmend, antiallergisch, kreislaufstabilisierend, kühlt
innere Hitze, gut bei Durchblutungsstörungen.
Anzahl Portionen: 1
Kalorien p. Portion 307
Gramm p. Portion   284
Kochdauer ca.   15 Min.
Allergene: AG
(Kohlehydrat:66,17% / Eiweiß & Fett:33,83%)
100g.≈ Eiweiß 10,58g. Fett:10,73g.
µg. - Ph:116,7 Na:93,56 Ka:218,89 Mg:28,56 Ca:92,08 Fe:0,64 Zn:0,36 Col.:7,61
Hsr.:12,85

Zutaten:
Kuhmilch (Vollmilch 3,5 % Fett) 200 ml / 200g. (ja)
Dinkel Gries 3 EL / 30g. (ja)
Butter Bio 1 TL / 4g. (ja)
Banane 1/2 Stück / 50g. (empfehlenswert)

Kochanleitung:
Die Hälfte der Milch in einem kleinen Topf erhitzen, Grieß zufügen und
aufkochen. Bei schwacher Hitze unter ständigem Rühren 3 Min.
ausquellen lassen. Den Topf vom Herd nehmen, nach und nach die
übrige Milch mit dem Schneebesen unterschlagen und den Brei in ein
Schälchen geben. Die Butter und die zermuste Banane zufügen. Für
Erwachsene kann eine Prise Zimt darübergestreut werden.

3.18 Grundrezept für eine Fischbrühe

Kräftigt Nieren, harntreibend, senkt Blutdruck, bakterizid, stärkt Immunsystem, beugt Krebs vor, reduziert Strahlenverletzungen, fördert Durchblutung, ist cholesterinarm, eiweißreich und regt Appetit an.

Anzahl Portionen: 5
Kalorien p. Portion   128
Gramm p. Portion   243,8
Kochdauer ca.   40 min.
Allergene: DLO
(Kohlehydrat:33,81% / Eiweiß & Fett:66,19%)
100g.≈ Eiweiß 9,81g. Fett:5,2g.
µg. - Ph:14,91 Na:7,09 Ka:31,5 Mg:2,39 Ca:4,63 Fe:0,11 Zn:0,02 Col.:0,01 Hsr.:11,94

Zutaten:
Fischstücke gemischt (Süßwasser) 300 g. / 300g. (empfehlenswert)
Sellerie Knolle 120 g. / 120g. (ja)
Lauch (Porree) 5 cm / 10g. (ja)
Karotte (Mohrrübe, Möhre) 2 Stück / 150g. (ja)
Weißwein 1/8 Liter / 125g. (wenig)
Zitrone 1/2 Stück / 50g. (wenig)
Lorbeerblatt 2 Blätter / 2g. (ja)
Pfeffer Körner 3 Stück / 2g. (wenig)
Olivenöl 1 EL / 10g. (ja)
Wasser 1/2 Liter / 450g. (ja)

Kochanleitung:
Kleingeschnittenen Sellerie, Karotten und Lauch in Olivenöl andünsten, Lorbeerblatt und Pfefferkörner zugeben, Fischstücke zufügen und kurz mitdünsten. Mit Wasser ablöschen, wenig Weißwein oder Zitrone zugeben und 30 Min. leise köcheln lassen. Mehrmals den entstehenden Schaum abschöpfen. Am Ende die Zutaten durch ein Sieb abseihen.

3.19 Grundrezept für eine Hühnerbrühe

Stärkt Blut, baut Milz und Magen auf, stärkt Knochenmark, senkt Blutdruck, bakterizid, stärkt Immunsystem, beugt Krebs vor, reduziert Strahlenverletzungen, fördert Schwitzen, löst Stagnation. Gut bei Appetitlosigkeit und Blähungen.

Anzahl Portionen: 9
Kalorien p. Portion   90
Gramm p. Portion   244,89
Kochdauer ca.   2-3 Stunden
Allergene: L
(Kohlehydrat:10,44% / Eiweiß & Fett:89,56%)
100g.≈ Eiweiß 15,69g. Fett:11,57g.
µg. - Ph:7,72 Na:5,27 Ka:16,86 Mg:1,2 Ca:3,41 Fe:0,1 Zn:0 Col.:0,25 Hsr.:8,27

Zutaten:
Huhn Fleisch 1/2 Stück / 600g. (ja)
Karotte (Mohrrübe, Möhre) 2 Stück / 150g. (ja)
Lauch (Porree) 1 Stange / 45g. (ja)
Sellerie Knolle 1 Stück / 500g. (ja)
Ingwer frisch 2 Scheiben / 2g. (wenig)
Bockshornklee 1 TL / 2g. (ja)
Wacholderbeere 1 TL / 3g. (ja)
Lorbeerblatt 3 Stück / 2g. (ja)
Wasser 1 Liter / 900g. (ja)

Kochanleitung:
Hühnerteile von Fett befreien, in einen Topf mit heißem Wasser geben, kurz aufkochen lassen und entstehenden Schaum abschöpfen. Grob geschnittenes Gemüse und alle Gewürze zugeben und 2-3 Std. bei mittlerer Hitze kochen, dann alles abseihen. Tipp: Wenn Sie das Fleisch als Suppeneinlage verwenden möchten, bereits nach 45 Min. herausnehmen und nur die Knochen in der Suppe lassen.

3.20 Grundrezept für eine nahrhafte Gemüsebrühe

Senkt Blutdruck und Blutfett, bakterizid, stärkt Immunsystem, beugt Krebs vor, stärkt Magen, löst Stagnation, fördert Gewichtsabnahme, hilft bei Appetitlosigkeit, Blähungen, Bluthochdruck, Depressionen, Diabetes, Durchfall.

Anzahl Portionen: 5
Kalorien p. Portion 48
Gramm p. Portion 240,6
Kochdauer ca. 2-3 Stunden
Allergene: L
(Kohlehydrat:71,3% / Eiweiß & Fett:28,7%)
100g.≈ Eiweiß 1,57g. Fett:1,31g.
µg. - Ph:4,86 Na:3,67 Ka:25,68 Mg:1,8 Ca:6,32 Fe:0,1 Zn:0,01 Col.:0 Hsr.:2,78

Zutaten:
Olivenöl 1 EL / 4g. (ja)
Zwiebel weiss 1 Stück / 60g. (ja)
Karotte (Mohrrübe, Möhre) 3 Stück / 200g. (ja)
Pastinake 150 g. / 150g. (ja)
Sellerie Knolle 1 Tasse / 100g. (ja)
Ingwer frisch 1/2 TL / 2g. (wenig)
Zitrone 1/2 Stück / 25g. (wenig)
Wacholderbeere 6 Stück / 6g. (ja)
Thymian getrocknet 1 Prise / 1g. (ja)

Liebstöckel 1 EL / 3g. (ja)
Lorbeerblatt 2 Blätter / 1g. (ja)
Salz 1 Prise / 1g. (wenig)
Wasser 3/4 Liter / 650g. (ja)

Kochanleitung:
Gemüse würfelig schneiden. Öl in einem Topf erhitzen, die Zwiebel und
das Gemüse darin anbraten, Ingwer und Lorbeer zugeben. Mit kaltem
Wasser aufgießen, Zitronensaft zufügen und mit Wacholder, Thymian
und Liebstöckel würzen. 2-3 Std. auf kleiner Stufe zugedeckt köcheln
lassen. Brühe durch ein Sieb streichen und im Kühlschrank
aufbewahren. Sie dient als Suppengrundlage und verfeinert Gemüse,
Hülsenfrüchte oder Getreide.

3.21 Grundrezept für eine Reissuppe

Niedriger Fettgehalt, zur Entwässerung des Körpers bei Übergewicht
und Bluthochdruck.
Anzahl Portionen: 3
Kalorien p. Portion 140
Gramm p. Portion   273,33
Kochdauer ca.   2-4 Stunden
(Kohlehydrat:89,71% / Eiweiß & Fett:10,29%)
100g.≈ Eiweiß 2,96g. Fett:0,48g.
µg. - Ph:5,85 Na:0,58 Ka:5,02 Mg:3,41 Ca:1,72 Fe:0,03 Zn:0,02 Col.:0 Hsr.:6,34

Zutaten:
Reis Sorte beliebig 1 Tasse / 120g. (ja)
Wasser 6 Tassen / 700g. (ja)

Kochanleitung:
Man kocht Reis und Wasser in einem Verhältnis von etwa 1:6. Die
Menge des Wassers bestimmt die Dicke des Breis (reine
Geschmackssache). Der Reis quillt unwahrscheinlich auf, nehmen Sie
also nicht viel. Geben Sie den Reis in einen Topf mit einem schweren
Deckel. Wichtig ist, den Reis nach kurzem Aufkochen nur auf kleinster
Stufe köcheln zu lassen, da er sonst anbrennt. Kochen Sie den Reis 2-
4 Stunden. Je länger er kocht, desto stärkender wirkt er. Wenn Sie das
Gericht zum Frühstück essen möchten, können Sie den Reis auch kurz
vor dem Zubettgehen aufsetzen. Sicherheitshalber sollten Sie vorher
einmal unter Beobachtung für eine ähnlich lange Zeit das Verhalten
Ihres Topfes und Herdes prüfen, damit nichts anbrennt.

3.22 Heilbutt mit Tomaten-Knoblauch-Soße

Fördert Verdauung, hilft Fett zu verdauen, harntreibend, senkt Blutdruck, liefert wertvolle Omega-3 Fettsäuren. Gut bei Rheuma, Blähungen, Blasenschwäche, Blutarmut, Bluthochdruck, Depressionen, Diabetes, Durchfall.

Anzahl Portionen: 5
Kalorien p. Portion 319
Gramm p. Portion 297,6
Kochdauer ca. 45 Min.
Allergene: D
(Kohlehydrat:35,73% / Eiweiß & Fett:64,27%)
100g.≈ Eiweiß 34,97g. Fett:9,44g.
µg. - Ph:24,12 Na:43,88 Ka:35,39 Mg:5,15 Ca:4,4 Fe:0,11 Zn:0,01 Col.:0,82 Hsr.:23,91

Zutaten:
Reis Sorte beliebig 1 Tasse / 120g. (ja)
Wasser 6 Tassen / 240g. (ja)
Salz 1 Prise / 1g. (wenig)
Heilbutt 1 Kg / 800g. (ja)
Salz 1 Prise / 1g. (wenig)
Pfeffer gemahlen 1 Prise / 0,5g. ()
Zitrone Saft 1 Spritzer / 2g. (wenig)
Lorbeerblatt 2 Stück / 2g. (ja)
Zitrone 1 Stück / 30g. (wenig)
Knoblauch 8 Stück / 10g. (empfehlenswert)
Thymian getrocknet 1 EL / 5g. (ja)
Oliven 75 g. / 75g. (ja)
Tomate 4 Stück / 200g. (ja)
Salz 1 Prise / 1g. (wenig)
Pfeffer gemahlen 1 Prise / 0,5g. ()

Kochanleitung:
Reis im Salzwasser gar kochen. Den Fisch unter fließend kaltem Wasser abspülen, mit Küchenkrepp abtupfen und mit Salz, Pfeffer und Zitronensaft einreiben. Die Fischfilets in eine Auflaufform legen und mit Stücken der Lorbeerblätter belegen Die Zitrone heiß abwaschen und in Spalten schneiden, den Knoblauch schälen und halbieren. Die Oliven darauf verteilen und mit Thymian bestreuen. Die Tomaten mit heißem Wasser überbrühen, häuten und grob würfeln. Alle Zutaten mischen, mit Salz und Pfeffer würzen und um den Fisch herum verteilen. Alles bei 200 Grad (Umluft 180, Gas Stufe 3) ca. 20 Min. garen. Mit dem Reis anrichten. Zu diesem wohlschmeckenden Fischgericht passt ein gemischter Salat.

3.23 Herzhafter Polentabrei

Stärkt Milz und Magen, harntreibend, fördert Verdauung, entgiftet, treibt Schweiß, reduziert Blutfett, regt an, löst Stagnation, fördert Appetit.

Anzahl Portionen: 2
Kalorien p. Portion 262
Gramm p. Portion 207,5
Kochdauer ca. 10 Min.
(Kohlehydrat:80% / Eiweiß & Fett:20%)
100g.≈ Eiweiß 5,65g. Fett:5,94g.
µg. - Ph:6,71 Na:0,73 Ka:11,2 Mg:2,2 Ca:2,17 Fe:0,09 Zn:0,05 Col.:0 Hsr.:2,46

Zutaten:
Mais Gries (Polenta) 1 Tasse / 120g. (ja)
Zwiebel Frühlingszwiebel 2 Stück / 40g. (ja)
Ingwer frisch 1/2 TL / 2g. (wenig)
Muskatnuss 1 Prise / 1g. (ja)
Salz 1 Prise / 1g. (wenig)
Olivenöl 1 EL / 10g. (ja)
Kurkuma (Gelbwurz) 1 Prise / 1g. (empfehlenswert)
Wasser 2 Tassen / 240g. (ja)

Kochanleitung:
Polenta in kochendes Wasser einrühren und quellen lassen. Frühlingszwiebel, geriebenen Ingwer, Kurkuma, Muskat, Salz und Olivenöl zugeben und weiter ziehen lassen.

3.24 Hühnerfleisch mit weißen Rüben auf Reis

Huhn stärkt Blut und Knochenmark und Reis ist gut zur Entwässerung des Körpers bei Übergewicht und Bluthochdruck.

Anzahl Portionen: 4
Kalorien p. Portion 323
Gramm p. Portion 335,75
Kochdauer ca. 45 Min.
Allergene: GL
(Kohlehydrat:40% / Eiweiß & Fett:60%)
100g.≈ Eiweiß 26,26g. Fett:27,38g.
µg. - Ph:6,15 Na:1,56 Ka:8,19 Mg:1,93 Ca:2,54 Fe:0,07 Zn:0,02 Col.:1,63 Hsr.:4,88

Zutaten:
Butter Bio 2 EL / 20g. (ja)
Olivenöl 2 EL / 20g. (ja)
Zwiebel weiss 1 Stück / 60g. (ja)
Speiserüben 4 Stück / 200g. (ja)
Knoblauch 2 Stück / 3g. (empfehlenswert)
Grundrezept für eine Hühnerbrühe wärmend 1/4 Liter / 100g. (wenig)

Petersilie 3 EL / 15g. (ja)
Salz 1 Prise / 1g. (wenig)
Olivenöl 1 TL / 4g. (ja)
Huhn Fleisch 400 g. / 400g. (ja)
Wasser 6 Tassen / 400g. (ja)
Reis Basmatireis 1 Tasse / 120g. (ja)

Kochanleitung:
Die Butter und das Öl In einem schweren Topf bei niedriger Temperatur
erhitzen. Die Zwiebel dazugeben, umrühren und etwa 20 Min. lang bei
sehr schwacher Hitze weich und goldbraun dünsten. Die
kleingeschnittenen Rüben und die gehackten Knoblauchzehen
hineingeben und gut umrühren. Mit der Hühnerbrühe oder Wasser
aufgießen, etwas Salz hinzufügen und zum Kochen bringen. Die
Wärmezufuhr drosseln, den Deckel auflegen und die Rüben etwa 20
Min. köcheln lassen. Dazwischen hin und wieder nachsehen, ob noch
genügend Flüssigkeit im Topf ist und bei Bedarf etwas Hühnerbrühe
aufgießen. Am Schluss sollte nur noch sehr wenig Flüssigkeit im Topf
sein. Den Deckel abnehmen und die restliche Flüssigkeit unter
ständigem Rühren verdampfen lassen. In der Zwischenzeit in einer
Pfanne mit wenig Öl die kleingeschnittenen Hühnerfleischstücke braten.
Zum Schluss mit ein wenig Chili bestreuen und noch einmal unter
ständigem Wenden 1 Min. weiter braten. Den Reis im Verhältnis 6:1
kochen. Hühnerfleischstücke, Rüben und Reis auf Tellern anrichten, die
Soße darüber verteilen und mit Petersilie bestreut sofort servieren.
Kleine, frische, unbehandelte Rüben brauchen nicht geschält zu
werden. Ansonsten aber sollte man Rüben schälen und 10 Min. lang in
heißes Wasser legen. Dadurch werden sie leichter verdaulich und
verlieren etwas von ihrem scharfen, stechenden Geruch. Weiße Rüben
sind reich an Vitamin C, Kalium und Folsäure.

3.25 Hüttenkäse mit gedünstetem Obst

Gut bei Appetitlosigkeit, Schluckstörungen, schwacher Verdauung,
harntreibend.
Anzahl Portionen: 2
Kalorien p. Portion 215
Gramm p. Portion 250
Kochdauer ca. 20 Min.
Allergene: G
(Kohlehydrat:40,48% / Eiweiß & Fett:59,52%)
100g.≈ Eiweiß 18,45g. Fett:6,4g.
µg. - Ph:44,6 Na:114,5 Ka:50,9 Mg:3,7 Ca:25,6 Fe:0,11 Zn:0,09 Col.:0,64 Hsr.:3

Zutaten:
Hüttenkäse 300 g. / 300g. (ja)
Apfel (sauer) 1 Stück / 100g. (ja)
Birne 1 Stück / 100g. (wenig)

Kochanleitung:
Äpfel und Birnen gut waschen, mit Schale klein schneiden und in einem
Topf mit Dämpfsieb bissfest garen. Herausnehmen und auskühlen
lassen. Hüttenkäse anrichten und Obst darauf verteilen.

3.26 Karotten- Reisschleimsuppe

Gegen Durchfall, bei Fieber, bakterizid, stärkt Immunsystem, senkt
Blutdruck.
Anzahl Portionen: 1
Kalorien p. Portion 101
Gramm p. Portion   224
Kochdauer ca.   10 Min.
Allergene:
(Kohlehydrat:96% / Eiweiß & Fett:4%)
100g.≈ Eiweiß 2,37g. Fett:0,4g.
µg. - Ph:27,48 Na:20,34 Ka:65,63 Mg:170,89 Ca:178,57 Fe:1,03 Zn:0,34 Col.:0 Hsr.:12,3

Zutaten:
Grundrezept für eine Reissuppe (Congee) 1 Tasse / 120g. (ja)
Karotte (Mohrrübe, Möhre) 2 Stück / 100g. (ja)
Salz 1 TL / 4g. (wenig)

Kochanleitung:
Karotten schälen und reiben. Die Reissuppe aufkochen und die
geriebenen Karotten sowie Salz zufügen. 10 Min. kochen.

3.27 Kartoffel-Basilikumsuppe

Lindert Entzündungen, fördert Verdauung, harntreibend, senkt
Cholesterinspiegel und Blutdruck, bakterizid, stärkt Immunsystem,
beugt Krebs vor, reduziert Strahlenverletzungen, antioxidativ, löst
Stagnation.
Anzahl Portionen: 4
Kalorien p. Portion 96
Gramm p. Portion   330,12
Kochdauer ca.   25 min.
Allergene: L
(Kohlehydrat:68,68% / Eiweiß & Fett:31,32%)
100g.≈ Eiweiß 3,24g. Fett:2,99g.
µg. - Ph:7,65 Na:13,39 Ka:52,12 Mg:2,43 Ca:11,65 Fe:0,11 Zn:0,01 Col.:0 Hsr.:7,59

Zutaten:
Wasser 500 ml / 450g. (ja)
Kartoffel 4 Stück / 200g. (ja)
Karotte (Mohrrübe, Möhre) 2 Stück / 100g. (ja)
Sellerie Knolle 1 Stück / 500g. (ja)
Pfeffer gemahlen 1 Prise / 0,5g. ()
Kümmel 1 Prise / 1g. (ja)
Knoblauch 1 Zehe / 3g. (empfehlenswert)
Salz 1 Prise / 1g. (wenig)
Zitrone 1 TL / 3g. (wenig)
Basilikum (frisch) 1 Bund / 50g. (ja)
Paprika (Rosenpaprikapulver) 1 Prise / 1g. (ja)
Zucker Ursüße (Zuckerrohr) süß 1 Prise / 1g. (wenig)
Olivenöl 1 EL / 10g. (ja)

Kochanleitung:
4 mittelgroße Kartoffeln, 2 mittelgroße Karotten und 1 Stück
Knollensellerie geschält und kleingeschnitten in heißes Wasser geben
und zusammen mit einer Prise Pfeffer und Salz, einer Prise
gemahlenem Kümmel, einer kleinen zerdrückten Knoblauchzehe und 1
TL Zitronensaft köcheln, bis das Gemüse weich ist. Von 1 Bund
Basilikum (fein gehackt) eine Hälfte in die Suppe geben und alles
pürieren. Die andere Hälfte anschließend unterrühren und mit
Rosenpaprika, einer Prise Vollrohrzucker, 1 EL Olivenöl oder Butter,
frisch gemahlenem Pfeffer und Salz abschmecken.

3.28 Kompott aus Äpfeln

Apfel (süß) stoppt Durchfall, fördert Verdauung, regt Appetit an,
harmonisiert Magen, erwärmt Magen und Milz, fördert Durchblutung.
Anzahl Portionen: 2
Kalorien p. Portion 67
Gramm p. Portion   220,5
Kochdauer ca.   10 Min.
Allergene:
(Kohlehydrat:95,64% / Eiweiß & Fett:4,36%)
100g.≈ Eiweiß 0,24g. Fett:0,46g.
µg. - Ph:2,81 Na:1,03 Ka:36,45 Mg:1,81 Ca:4,33 Fe:0,13 Zn:0,03 Col.:0 Hsr.:3,74

Zutaten:
Apfel (süß) 1 Stück / 220g. (empfehlenswert)
Wasser 2 Tassen / 220g. (ja)
Zimtpulver 1 Prise / 1g. (ja)

Kochanleitung:
Bio-Apfel mit Schalen und Kernen klein geschnitten im Wasser weich
kochen und mit Zimt bestreuen.

3.29 Kompott aus einheimischem Obst und Trockenfrüchten

Fördert Verdauung und Durchblutung, harntreibend, stoppt Durchfall,
regt Appetit an, erwärmt Magen und Milz.
Anzahl Portionen: 4
Kalorien p. Portion 45
Gramm p. Portion   200,5
Kochdauer ca.   15 Min.
(Kohlehydrat:94% / Eiweiß & Fett:6%)
100g.≈ Eiweiß 0,3g. Fett:0,3g.
µg. - Ph:0,3 Na:0,1 Ka:3,15 Mg:0,19 Ca:0,4 Fe:0,01 Zn:0,01 Col.:0 Hsr.:0,35

Zutaten:
Apfel (süß) 1 Stück / 150g. (empfehlenswert)
Birne 1 Stück / 150g. (wenig)
Zimtpulver 1 Prise / 0,2g. (ja)
Zitrone Schale 1/2 TL / 2g. (ja)
Wasser 1/2 Liter / 500g. (ja)

Kochanleitung:
Den Apfel und die Birne mit den Trockenfrüchten weich kochen und mit
Zimt und Zitronenschale (bio) bestreuen.

3.30 Kürbiscurry

Fördert Verdauung und Schwitzen, löst Stagnation, reduziert Wind,
stärkt Lunge und Milz, reduziert Blutzucker, stärkt Magen,
Verdauungssystem, Muskeln und Knochen, ist harntreibend und
entgiftend.
Anzahl Portionen: 3
Kalorien p. Portion 193
Gramm p. Portion   251
Kochdauer ca.   20 Min.
(Kohlehydrat:63% / Eiweiß & Fett:37%)
100g.≈ Eiweiß 2,72g. Fett:10,61g.
µg. - Ph:5,14 Na:0,86 Ka:16,34 Mg:2,68 Ca:2,29 Fe:0,06 Zn:0,02 Col.:0 Hsr.:1,54

Zutaten:
Kürbis 300 g. / 300g. (ja)
Olivenöl 2 EL / 30g. (ja)
Koriander 1 Prise / 1g. (ja)
Pfeffer gemahlen 1 Prise / 0,5g. ()
Curry 1 Prise / 1g. (ja)
Wasser 50 ml / 50g. (ja)
Salz 1 Prise / 1g. (wenig)
Petersilie 1 EL / 7g. (ja)
Kardamom 1 Prise / 1g. (ja)
Kurkuma (Gelbwurz) 1 Prise / 1g. (empfehlenswert)
Reis Vollkorn 1/2 Tasse / 60g. (ja)
Wasser 3 Tassen / 300g. (ja)
Salz 1 Prise / 1g. (wenig)

Kochanleitung:
Olivenöl in einer Pfanne erhitzen, in Würfel geschnittenen Kürbis darin
andünsten, mit Koriander, Pfeffer und Curry würzen und mit wenig
Wasser ablöschen. Meersalz zufügen, klein geschnittene Petersilie
zugeben und mit Kardamom und Kurkuma abrunden. Auf kleinem
Feuer ca. 10 Min. je nach Kürbisart köcheln; er sollte noch bissfest sein.
Den Reis in gesalzenem Wasser aufkochen und auf kleiner Stufe ca. 15
Min. quellen lassen.

3.31 Kürbisschnitzel mit Gewürzreis

Stärkt Lunge und Milz, harntreibend, reduziert Blutzucker, schützt und
harmonisiert Leber, befeuchtet Darm, kühlt innere Hitze. Zur
Entwässerung des Körpers bei Übergewicht und Bluthochdruck.
Anzahl Portionen: 4
Kalorien p. Portion 438
Gramm p. Portion 260,52
Kochdauer ca. 45 Min.
Allergene: AG
(Kohlehydrat:59,16% / Eiweiß & Fett:40,84%)
100g.≈ Eiweiß 4,2g. Fett:27,78g.
µg. - Ph:19,2 Na:5,08 Ka:46,56 Mg:8,07 Ca:12,07 Fe:0,16 Zn:0,02 Col.:0,25 Hsr.:5,34

Zutaten:
Butterschmalz 1/2 EL / 5g. (wenig)
Safran 1 Briefchen / 0,1g. (empfehlenswert)
Kurkuma (Gelbwurz) 1 TL / 2g. (empfehlenswert)
Reis Basmatireis 1 Tasse / 120g. (ja)
Wasser 1 Tasse / 120g. (ja)
Salz 1/2 TL / 2g. (wenig)

Kürbis 6-8 Scheiben / 400g. (ja)
Gerstenmehl 1 Tasse / 10g. (ja)
Brösel (Weizenbrot, Semmel) 1 Tasse / 10g. (ja)
Salz 1/2 TL / 2g. (wenig)
Pfeffer gemahlen 1 Prise / 1g. ()
Butter Bio 1 EL / 10g. (ja)
Sahne, süß 30% 1 1/2 Becher / 300g. (wenig)
Gerstenmehl 2 EL / 20g. (ja)
Lauchzwiebel Schnittlauch 3 EL / 20g. (ja)
Dill 3 EL / 20g. (ja)

Kochanleitung:
Das Fett in einem kleinen Topf schmelzen, Safran und Kurkuma
hinzufügen und etwa 1-2 Min. bei mittlerer Hitze leicht rösten, damit die
Aromen sich entfalten (Achtung: Die Gewürze dürfen auf keinen Fall
verbrennen!). Den Reis zufügen und etwa 2 Min. unter ständigem
Rühren braten. Salzen, Wasser dazugießen, umrühren und den Topf
mit einem Deckel verschließen. Bei schwacher bis mittlerer Hitze
kochen lassen, bis das Wasser fast vollständig aufgesogen ist, dann
vom Herd nehmen und mit geschlossenem Deckel beiseite stellen und
quellen lassen. Nicht mehr umrühren! Wenn das Wasser vollständig
aufgesogen ist, ist der Reis fertig! Mehl, Semmelbrösel, Salz und
Pfeffer verrühren. Die Kürbisscheiben mit Wasser oder verrührtem Ei
anfeuchten, die Scheiben in der Mehlmischung wenden und vorsichtig
in Butter braten, bis sie goldbraun sind und der Kürbis weich ist. In
einem kleinen Topf die Butter schmelzen, Gerstenmehl darin bräunen
und vom Herd nehmen. Die saure Sahne einrühren, salzen, pfeffern
und die gehackten Kräuter unterziehen. Die Soße über die gebratenen
Kürbisscheiben geben. Dazu den Reis servieren.

3.32 Kuzuwasser

Enthält viele Vitamine und Mineralstoffe. Zur Stärkung der Darmflora,
besonders nach Antibiotikaeinnahme. Beruhigt die Magenschleimhaut
und schützt den Magen.
Anzahl Portionen: 1
Kalorien p. Portion 7
Gramm p. Portion   122
Kochdauer ca.   5 Min.
(Kohlehydrat:99,17% / Eiweiß & Fett:0,83%)
100g.≈ Eiweiß 0g. Fett:0,01g.
µg. - Ph:0 Na:0,98 Ka:0 Mg:0,98 Ca:4,92 Fe:0,01 Zn:0,1 Col.:0 Hsr.:0

Zutaten:
Kuzu 1/2 TL / 2g. (ja)
Wasser 1 Tasse / 120g. (ja)

Kochanleitung:
Kuzu zerstoßen, mit lauwarmem Wasser aufgießen und kurz ziehen
lassen, bis eine milchige Flüssigkeit entsteht. Dann abseihen.

3.33 Lammgeschnetzeltes mit Rosmarinkartoffeln

Verbessert Verdauung, regeneriert Haut, harntreibend, senkt
Cholesterinspiegel und Blutdruck, bakterizid, stärkt Immunsystem,
stärkt Magen-Darm-Funktion, erweitert Blutgefäße.

Anzahl Portionen: 4
Kalorien p. Portion   461
Gramm p. Portion   352,25
Kochdauer ca.   1 Stunde
Allergene: LO
(Kohlehydrat:28% / Eiweiß & Fett:72%)
100g.≈ Eiweiß 25,64g. Fett:27,86g.
µg. - Ph:6,56 Na:8,3 Ka:15,83 Mg:1,28 Ca:1,44 Fe:0,08 Zn:0,12 Col.:1,75 Hsr.:4,74

Zutaten:
Lamm Fleisch 450 - 500 g. / 500g. (ja)
Olivenöl 2 EL / 20g. (ja)
Zwiebel weiss 1 Stück / 50g. (ja)
Knoblauch 1 Zehe / 2g. (empfehlenswert)
Muskatnuss 1 Prise / 0,2g. (ja)
Karotte (Mohrrübe, Möhre) 3 Stück / 150g. (ja)
Sellerie Knolle 1/4 Knolle / 120g. (ja)
Rosmarin 1 Zweig / 3g. (ja)
Bohnenkraut 1 TL / 2g. (ja)
Petersilie 1 EL / 8g. (ja)
Paprika (Rosenpaprikapulver) 1 Prise / 2g. (ja)
Rotwein 1/8 Liter / 125g. (wenig)
Salz Kräutersalz 1 Prise / 1g. (wenig)
Zitrone Saft 1/2 Stück / 15g. (wenig)
Preiselbeere 1 EL / 10g. (ja)
Kartoffel 6 Stück / 400g. (ja)

Kochanleitung:
Lammfleisch in Streifen, Karotten und Sellerie in kleine Würfel
schneiden. Olivenöl in der Pfanne erhitzen, Lammfleisch darin
anbraten, geschnittene Zwiebeln und Knoblauch zugeben, salzen und
mit wenig Wasser und dem Rotwein ablöschen. Petersilie, Paprika,

klein geschnittenen Rosmarin, Beifuß, Bohnenkraut, Karotten und Sellerie zugeben und auf kleiner Stufe ca. 35 Min. köcheln lassen. Abschmecken mit Pfeffer, Muskat und evtl. noch mal Salz und Paprika. Wenig Zitronensaft zugeben und Preiselbeeren unterziehen. Kartoffeln der Länge nach halbieren, wenig Olivenöl auf die Schnittflächen streichen, salzen, 2-3 Rosmarinnadeln auf jede halbe Kartoffel streuen, auf Backblech setzen und im vorgeheizten Backofen ca. 25 Min. bei 190 Grad backen.

3.34 Lauch-Kartoffel-Gratin

Lindert Entzündungen, verbessert Verdauung, regeneriert Haut, harntreibend, senkt Cholesterinspiegel, fördert Schwitzen, löst Stagnation.

Anzahl Portionen: 4
Kalorien p. Portion   369
Gramm p. Portion   346,62
Kochdauer ca.   1 Stunde
Allergene: CGL
(Kohlehydrat:56,02% / Eiweiß & Fett:43,98%)
100g.≈ Eiweiß 7,74g. Fett:16,47g.
µg. - Ph:13,71 Na:22,43 Ka:58,34 Mg:4,33 Ca:15,37 Fe:0,17 Zn:0,03 Col.:1,24 Hsr.:5,68

Zutaten:
Kartoffel 500 g. / 500g. (ja)
Lauch (Porree) 500 g. / 500g. (ja)
Apfel (sauer) 1 Stück / 200g. (ja)
Creme fraiche 125 g. / 125g. (ja)
Grundrezept für eine Gemüsebrühe nahrhaft 50 ml / 20g. (ja)
Huhn Eigelb 1 Stück / 20g. (wenig)
Emmentaler 2 EL / 20g. (ja)
Salz 1 Prise / 1g. (wenig)
Pfeffer gemahlen 1 Prise / 0,5g. ()

Kochanleitung:
Kartoffeln waschen, schälen, in sehr dünne Scheiben schneiden und trockentupfen. Die Hälfte in eine flache, gefettete Auflaufform geben. Lauch putzen, waschen und in feine Ringe schneiden. Apfel waschen, schälen und in dünne Scheiben schneiden. Lauch und Apfel auf die Kartoffeln verteilen und die restlichen Kartoffelscheiben darüberlegen. Crème fraîche, Eigelb, geriebenen Emmentaler, Salz und Pfeffer verrühren, evtl. noch etwas Gemüsebrühe dazugeben und über den Auflauf gießen. Bei 200 Grad im Backofen ca. 45 bis 50 Min. goldgelb backen. Nach 30 Min. mit Pergamentpapier abdecken, um ein Austrocknen des Gratins zu verhindern.

3.35 Nudel-Auflauf mit Quark und Pfirsichen

Lindert Müdigkeit, entspannt, stärkt die Abwehr, beruhigt Nerven und Magen. Gut bei Aufstoßen, akuter oder chronischer Verstopfung, Blähungen, Sodbrennen.

Anzahl Portionen: 4
Kalorien p. Portion 442
Gramm p. Portion 293,5
Kochdauer ca. 1 Stunde
Allergene: ACGO
(Kohlehydrat:65,89% / Eiweiß & Fett:34,11%)
100g.≈ Eiweiß 17,56g. Fett:19,07g.
μg. - Ph:26,04 Na:6,66 Ka:36,6 Mg:4,79 Ca:10,1 Fe:0,19 Zn:0,04 Col.:3,85 Hsr.:9,81

Zutaten:
Pfirsich 500 g. / 500g. (wenig)
Nudeln (Weizen, Bandnudeln) mit Ei 200 g / 200g. (ja)
Huhn Ei 2 Stück / 120g. (wenig)
Zucker (Staubzucker) 40 g. / 40g. (wenig)
Vanillezucker natur 3 Paket / 3g. (ja)
Zitrone Schale 1/2 Stück / 2g. (ja)
Zimtpulver 1/4 TL / 1g. (ja)
Topfen (Quark) 20% 250 g. / 250g. (ja)
Butter Bio 2 TL / 8g. (ja)
Erdbeermarmelade 4 EL / 50g. (empfehlenswert)

Kochanleitung:
Ofen auf 180 Grad vorheizen. Pfirsiche kurz in kochendes Wasser legen, abtropfen lassen und die Haut abziehen. Pfirsiche in kleine Spalten schneiden. Nudeln in reichlich Salzwasser bissfest kochen, abgießen, kalt abschrecken und abtropfen lassen. Eier trennen. Eigelb mit Puderzucker, Vanillezucker, abgeriebener Zitronenschale und Zimt mit dem Schneebesen schaumig rühren. Quark einrühren und die Nudeln untermischen. Eiweiß zu festem Schnee schlagen und vorsichtig unter die Nudelmasse heben. Eine Auflaufform dünn mit Butter ausstreichen. Abwechselnd Quark-Nudelmasse und Pfirsichspalten in die Form schichten und mit der Nudelmasse abschließen. Den Auflauf mit Butterflöckchen bestreuen und im vorgeheizten Ofen 30 Min. backen. Portionsweise mit einem Esslöffel Marmelade anrichten.

3.36 Pikante Tofu-Gemüse-Pfanne

Stärkt Magen, lindert Verstopfung, entgiftet, lindert Entzündungen, verbessert Durchblutung, fördert Schwitzen, löst Stagnation, lindert Blähungen, senkt Blutdruck, bakterizid, stärkt Immunsystem, beugt Krebs vor, reduziert Strahlenverletzungen.

Anzahl Portionen: 4
Kalorien p. Portion 241
Gramm p. Portion 329,38
Kochdauer ca. 25 Min.
Allergene: EN
(Kohlehydrat:67,31% / Eiweiß & Fett:32,69%)
100g.≈ Eiweiß 7,37g. Fett:7,33g.
µg. - Ph:15,05 Na:17,26 Ka:39,42 Mg:9,54 Ca:13,3 Fe:0,3 Zn:0,02 Col.:0,01 Hsr.:7,29

Zutaten:
Sesamöl 2 EL / 20g. (ja)
Karotte (Mohrrübe, Möhre) 2 Stück / 100g. (ja)
Fenchel 1 Stück / 250g. (ja)
Lauch (Porree) 1 Stück / 200g. (ja)
Salz 1 Prise / 1g. (wenig)
Kurkuma (Gelbwurz) 1 Prise / 1g. (empfehlenswert)
Zitrone Saft 1 Spritzer / 1g. (wenig)
Soja Tofu 1 Paket / 120g. (ja)
Pfeffer gemahlen 1 Prise / 0,5g. ()
Sojasauce 1 Schuss / 3g. (ja)
Reis Vollkorn 1 Tasse / 120g. (ja)
Wasser 6 Tassen / 500g. (ja)
Salz 1 Prise / 1g. (wenig)

Kochanleitung:
In einem heißen Wok oder einer heißen Pfanne Sesamöl erhitzen. Kleingeschnittene Karotten, Fenchel und Lauchscheiben darin anbraten und mit Salz, einem Spritzer Zitronensaft und Kurkuma würzen. Tofuwürfel 1-2 Min. mitbraten. Pfeffer dazugeben und zugedeckt etwa 5 Min. schmoren lassen, dann mit Sojasoße beträufeln. Den Reis in gesalzenem Wasser aufkochen lassen und bei kleiner Hitze ca. 15 Min. quellen lassen.

3.37 Provenzalische Nudelpfanne

Fördert Durchblutung, lindert Entzündungen, lindert Schmerzen, stärkt Muskeln, Sehnen und Knochen, harntreibend.

Anzahl Portionen: 2
Kalorien p. Portion 195
Gramm p. Portion 283,5
Kochdauer ca. 45 Min.
Allergene: ACL
(Kohlehydrat:62% / Eiweiß & Fett:38%)
100g.≈ Eiweiß 12,83g. Fett:4,7g.
µg. - Ph:24,21 Na:3,49 Ka:42,72 Mg:11,18 Ca:16,82 Fe:0,37 Zn:0,31 Col.:1,61 Hsr.:24,25

Zutaten:
Nudeln (Vollkorn) mit Ei 200 g / 200g. (ja)
Aubergine 60 g. / 60g. (ja)
Zucchini 60 g. / 60g. (ja)
Paprika 50 g. / 50g. (ja)
Rind Fleisch 50 g. / 50g. (ja)
Knoblauch 2 Stück / 4g. (empfehlenswert)
Rapsöl 5 g. / 5g. (ja)
Grundrezept für eine Gemüsebrühe nahrhaft 60 ml. / 60g. (ja)
Tomatensaft 75 ml. / 75g. (ja)
Oregano frisch 1 Prise / 1g. (ja)
Rosmarin 1 Prise / 1g. (ja)
Pfeffer gemahlen 1 Prise / 0,5g. ()
Salz 1 Prise / 0,5g. (wenig)

Kochanleitung:
Nudeln in reichlich Salzwasser bissfest kochen, abschrecken und abtropfen lassen. Gemüse waschen, Aubergine und Zucchini in Würfel schneiden, Paprikaschote entkernen, Rippe entfernen und in ca. 1 cm große Würfel schneiden. Knoblauch, gehacktes Rindfleisch und vorbereitetes Gemüse in erhitztem Öl andünsten, mit Gemüsebrühe und Tomatensaft aufgießen und fertig garen. Teigwaren zur Soße geben und untermengen. Das Ganze erwärmen und mit den Gewürzen und Salz abschmecken.

3.38 Putenrollen in Tomatenrahm

Verbessert Verdauung, senkt Cholesterinspiegel, stärkt Blut und Knochenmark, baut Milz und Magen auf, kuriert Bluthochdruck, hilft Fett zu verdauen, hilft gegen Blähungen und Übelkeit.

Anzahl Portionen: 2
Kalorien p. Portion 301
Gramm p. Portion 347
Kochdauer ca. 30 Min.
Allergene: G
(Kohlehydrat:28% / Eiweiß & Fett:72%)
100g.≈ Eiweiß 36,9g. Fett:8,02g.
µg. - Ph:27,65 Na:43,91 Ka:76,34 Mg:4,57 Ca:4,15 Fe:0,16 Zn:0,17 Col.:4,54 Hsr.:20,26

Zutaten:
Champignon 100 g. / 100g. (ja)
Pute Brustfleisch 200 g / 200g. (ja)
Pute Schinken 100 g / 100g. (ja)
Olivenöl 2 TL / 6g. (ja)
Tomate 1 Stück / 60g. (ja)
Sahne, süß 30% 2 EL / 20g. (wenig)
Knoblauch 1 Stück / 2g. (empfehlenswert)
Salz 1 Prise / 1g. (wenig)
Pfeffer gemahlen 1 Prise / 0,5g. ()
Basilikum (frisch) 1 EL / 5g. (ja)
Kartoffel 200 g / 200g. (ja)

Kochanleitung:
Kartoffeln in Salzwasser kochen und schälen. Das Putenfleisch in Schnitzel schneiden und Champignons gründlich putzen, abreiben und blättrig schneiden. Die Pilze und den gekochten Schinken auf die Putenschnitzel verteilen, Schnitzel aufrollen, mit einem Zahnstocher feststecken und von allen Seiten etwa 8-10 Min. in Öl anbraten, evtl. etwas Flüssigkeit zugießen. Fleischtomate kurz in kochendes Wasser tauchen, enthäuten, halbieren, Kerne entfernen und das Fruchtfleisch würfeln. In die Pfanne geben und kurz mit andünsten. Sahne zu den Putenröllchen und Tomatenstückchen geben und kurz aufkochen lassen. Mit Knoblauch, Salz und Pfeffer abschmecken und die Putenröllchen mit der Soße und frisch gehacktem Basilikum servieren.

3.39 Reispudding

Reguliert Magen-Darm-Funktion, stärkt Milz, Magen und Muskeln, liefert Vitamin C.

Anzahl Portionen: 1
Kalorien p. Portion 316
Gramm p. Portion   329
Kochdauer ca.   2 Stunden
Allergene: G
(Kohlehydrat:75,96% / Eiweiß & Fett:24,04%)
100g.≈ Eiweiß 9,26g. Fett:7,36g.
µg. - Ph:91,08 Na:31,47 Ka:222,68 Mg:30,22 Ca:77,57 Fe:0,44 Zn:0,42 Col.:3,65 Hsr.:17,51

Zutaten:
Kuhmilch (Vollmilch 3,5 % Fett) 200 ml. / 200g. (ja)
Reis Rundkornreis 25 g. / 25g. (ja)
Banane 100 g. / 100g. (empfehlenswert)
Rote Grütze (ohne Zucker) 2 TL / 4g. (wenig)

Kochanleitung:
Die Hälfte der Milch in einem kleinen Topf zum Kochen bringen. Den Reis einstreuen und bei schwacher Hitze etwa 15 Min. kochen lassen. Die Banane schälen, mit dem Pürierstab fein zermusen und den Rote-Bete-Saft dazugeben. Das Bananenmus unter den heißen Reis ziehen. Eine hübsche Puddingform (ca. ¼ l Inhalt) mit kaltem Wasser ausschwenken, den Bananenreis in die Form füllen und den Pudding bei Zimmertemperatur ausquellen lassen. Nach etwa 3 Std. ist er fest und kann gestürzt werden. Die restliche Milch als Getränk dazugeben.

3.40 Rhabarber-Apfel-Grütze

Liefert Antioxidantien und viel Vitamin C. Führt ab, kühlt Hitze, lindert Schmerzen, entgiftet, bakterizid, erwärmt Magen und Milz, fördert Durchblutung.

Anzahl Portionen: 2
Kalorien p. Portion 180
Gramm p. Portion   276,5
Kochdauer ca.   15 Min.
(Kohlehydrat:95,59% / Eiweiß & Fett:4,41%)
100g.≈ Eiweiß 1,2g. Fett:0,58g.
µg. - Ph:14,75 Na:1,5 Ka:93,5 Mg:7,43 Ca:12,73 Fe:0,29 Zn:0,07 Col.:0 Hsr.:6,21

Zutaten:
Rhabarber 200 g / 200g. (ja)
Apfelsaft (Naturtrüb) 300 ml. / 300g. (empfehlenswert)
Maisstärke 30 g. / 30g. (ja)

Honig 20 g. / 20g. (ja)
Vanillezucker natur 1 Prise / 0,5g. (ja)
Zimtpulver 1 Prise / 0,5g. (ja)
Pfefferminze 2 Blätter / 2g. (ja)

Kochanleitung:
Die Maisstärke mit ½ Tasse Apfelsaft glattrühren. Den Rhabarber mit einer Tasse Wasser 10 Min. dünsten, den restlichen Apfelsaft zufügen, mit der angerührten Stärke abbinden und nochmals aufkochen. Mit dem Honig süßen und mit Vanille und Zimt würzen. Die Grütze auf Dessertschälchen verteilen und mit Minze garnieren.

3.41 Rinderkraftbrühe

Erwärmend und nährend, baut Kräfte auf.
Anzahl Portionen: 7
Kalorien p. Portion 125
Gramm p. Portion   263,57
Kochdauer ca.   2-6 Stunden
Allergene: L
(Kohlehydrat:11,28% / Eiweiß & Fett:88,72%)
100g.≈ Eiweiß 21,12g. Fett:3,81g.
µg. - Ph:8,55 Na:2,68 Ka:15,22 Mg:1,38 Ca:2,17 Fe:0,15 Zn:0,03 Col.:0,4 Hsr.:6,57

Zutaten:
Wasser 1 Liter / 1000g. (ja)
Zitrone 2 Spritzer / 2g. (wenig)
Rind Fleisch 500 g. / 500g. (ja)
Rind Fleischknochen 2 Stück / 0g. (wenig)
Kurkuma (Gelbwurz) gute Prise / 1g. (empfehlenswert)
Karotte (Mohrrübe, Möhre) 2 Stück / 100g. (ja)
Sellerie Knolle 3 cm / 25g. (ja)
Petersilienwurzel 1 Stück / 150g. (ja)
Zwiebel weiss 1 Stück / 50g. (ja)
Lorbeerblatt 2-3 Blatt / 2g. (ja)
Koriander 1/2 TL / 2g. (ja)
Ingwer frisch 2 cm. / 2g. (wenig)
Wakame 2 cm. / 1g. (ja)
Petersilie 1 Stiel / 10g. (ja)

Kochanleitung:
Fleisch und Fleischknochen mit kaltem Wasser knapp bedeckt aufsetzen und einige Spritzer Zitronensaft und etwas Kurkuma dazugeben, zum Kochen bringen und einen Moment kochen lassen. Dann die ganze Brühe weggießen, den Topf säubern, Fleisch und

Knochen mit heißem Wasser abspülen (dadurch erspart man sich das Abschäumen) und mit 1 l heißem Wasser erneut aufsetzen mit folgenden Zutaten: eine gute Prise Kurkuma, Karotten, Sellerie, Petersilienwurzel, Zwiebel, Lorbeerblätter, Koriander, ein Stück in Scheiben geschnittenen Ingwer, ein Streifen Wakame und ein Stiel Petersilie. Alles zusammen aufkochen und 2-6 Std. köcheln lassen (wenn das Fleisch anderweitig verwendet werden soll, nimmt man es nach 1,5-2 Std. aus der Brühe, sobald es gar ist. Die Knochen gibt man zurück in die Brühe). Nach Ende der Kochzeit die Brühe durch ein Sieb geben und nur diese behalten ohne alle Zutaten. Hinweise: Je länger die Brühe gekocht hat, um so erwärmender und nährender ist sie. Sie ist nach dem Abkühlen 3-4 Tage im Kühlschrank haltbar. Die Brühe kann heiß getrunken werden oder dient als Basis für Suppen mit Getreide, Kartoffeln und frischem Gemüse.

3.42 Rote Rüben Suppe

Stärkt Magen-Darm-Funktion, erweitert Blutgefäße, bakterizid, stärkt Muskeln, antioxidativ, fördert Verdauung, löst Stagnation.

Anzahl Portionen: 4
Kalorien p. Portion 282
Gramm p. Portion 302,5
Kochdauer ca.   20-30 Min.
Allergene: G
(Kohlehydrat:50% / Eiweiß & Fett:50%)
100g.≈ Eiweiß 4,88g. Fett:18,16g.
µg. - Ph:2,66 Na:3,08 Ka:18,95 Mg:1,5 Ca:2,25 Fe:0,05 Zn:0,02 Col.:0 Hsr.:1,11

Zutaten:
Olivenöl 2 EL / 20g. (ja)
Zwiebel weiss 1 Stück kleingehackt / 50g. (ja)
Knoblauch 1 Zehe / 2g. (empfehlenswert)
Rote Rübe 1 Kg (geschält und gewürfelt) / 1000g. (ja)
Cumin (Kreuzkümmel) 1 EL / 7g. (ja)
Oregano frisch 1 Prise frischer / 2g. (ja)
Paprika (Rosenpaprikapulver) 1 TL / 2g. (ja)
Creme fraiche 125 g. / 125g. (ja)

Kochanleitung:
In einem Kochtopf das Öl erhitzen, Zwiebel und Knoblauch kleingeschnitten darin dunkelbraun rösten. Cumin, Kurkuma, Oregano und Salz zufügen und mit 1 l Wasser ablöschen. Die Rote Bete darin ca. 20 Min. kochen, Suppe pürieren und in Suppenschalen mit je 1 EL Crème fraîche servieren. Zum Schluss Rosenpaprika drüberstreuen.

3.43 Spinatgemüse

Verbessert Verdauung, regeneriert Haut, harntreibend, senkt Cholesterinspiegel, fördert Ausscheidung und Durchblutung, stärkt Magen und Darm, reinigt Blut, verbessert Bauchspeicheldrüsenfunktion.

Anzahl Portionen: 1
Kalorien p. Portion 263
Gramm p. Portion 402
Kochdauer ca. 10 Min.
Allergene: GN
(Kohlehydrat:65% / Eiweiß & Fett:35%)
100g.≈ Eiweiß 9,43g. Fett:10,79g.
µg. - Ph:46,3 Na:20,7 Ka:300,69 Mg:23,73 Ca:50,5 Fe:1,38 Zn:0,32 Col.:0,02 Hsr.:30,26

Zutaten:
Sesamöl 1 EL / 10g. (ja)
Zwiebel weiss 1/2 Stück / 40g. (ja)
Knoblauch 1/2 Zehe / 1g. (empfehlenswert)
Spinat 2 Handvoll / 150g. (ja)
Pfeffer gemahlen 1 Prise / 0,2g. ()
Muskatnuss 1 Prise / 0,2g. (ja)
Salz 1 Prise / 0,5g. (wenig)
Kartoffel 4 Stück / 200g. (ja)
Sauerrahm 15% Fett 2 EL / g. (ja)
Salz 1 Prise / 0,3g. (wenig)

Kochanleitung:
Zwiebel und Knoblauch fein geschnitten in heißem Sesamöl glasig dünsten. In Streifen geschnittenen Spinat etwa 3 Min. mitdünsten und mit gemahlenem Pfeffer, Muskat und Salz würzen. Nach Belieben etwas Sauerrahm zugeben oder den Spinat mit einem großen Klecks Hüttenkäse als Vorspeise servieren. Nebenbei die Kartoffeln in Salzwasser gar kochen und dann schälen.

3.44 Tee aus Grüntee

Fördert Verdauung, harntreibend, löst Schleim, entgiftet, regt Nerven an, reduziert Blutfett, senkt Cholesterinspiegel, lindert Entzündungen.

Anzahl Portionen: 1
Kalorien p. Portion 3
Gramm p. Portion 122
Kochdauer ca. 10 Min.
(Kohlehydrat:20% / Eiweiß & Fett:80%)
100g.≈ Eiweiß 0,01g. Fett:0g.
µg. - Ph:5,61 Na:1,07 Ka:27,59 Mg:4,07 Ca:9,43 Fe:0,04 Zn:0,1 Col.:0 Hsr.:0

Zutaten:
Grüner Tee 1 TL / 2g. (empfehlenswert)
Wasser 1 Tasse / 120g. (ja)

Kochanleitung:
Pro Tasse verwendet man einen Teelöffel voll oder einen Teebeutel. Grüntee nur mit 60-80 Grad heißem Wasser aufbrühen, da er sonst bitter wird. Soll der Tee eine anregende Wirkung haben, lässt man ihn 2-3 Min. ziehen. Eher beruhigend wirkt er bei einer Ziehdauer von 5 Min. (nicht länger, sonst wird er bitter!). Eine andere Methode: Man übergießt die Teeblätter mit ca. 70 Grad heißem Wasser und gießt es sofort wieder ab. Dann einfach noch mal heißes Wasser nachgießen. Die Bitterstoffe verschwinden und der Tee bekommt ein milderes Aroma.

3.45 Tee aus Holunderblüten

Harn- und schweißtreibend. Gut bei Halsschmerzen, Erkältungen, Grippe, Harnsteinen, Konzentrationsschwäche, Mitessern, Rheuma, Verstopfung, Wassersucht, Heuschnupfen. Stärkt das Immunsystem.
Anzahl Portionen: 4
Kalorien p. Portion 7
Gramm p. Portion   128
Kochdauer ca.   10 Min.
(Kohlehydrat:0% / Eiweiß & Fett:0%)
100g.≈ Eiweiß 0g. Fett:0g.
µg. - Ph:0 Na:0,24 Ka:0 Mg:0,24 Ca:1,22 Fe:0 Zn:0,01 Col.:0 Hsr.:0

Zutaten:
Holunderblütentee 4 TL / 12g. (empfehlenswert)
Wasser 1/2 Liter / 500g. (ja)

Kochanleitung:
Die Holunderblüten mit kochendem Wasser übergießen und nach 5 Min. abseihen.

3.46 Tee aus Schafgarbe

Blutreinigend, blutstillend, krampflösend, gefäßtonisierend. Gut bei Verdauungsschwäche, Blähungen, Diabetes, Durchfall, Verstopfung, Wundheilung und Blutungen.

Anzahl Portionen: 2
Kalorien p. Portion   0
Gramm p. Portion   253
Kochdauer ca.   15 Min.
(Kohlehydrat:0% / Eiweiß & Fett:0%)
100g.≈ Eiweiß 0g. Fett:0g.
µg. - Ph:0 Na:0,25 Ka:0 Mg:0,25 Ca:1,24 Fe:0 Zn:0,02 Col.:0 Hsr.:0

Zutaten:

Schafgarbentee 2-4 TL / 6g. (empfehlenswert)
Wasser 1/2 Liter / 500g. (ja)

Kochanleitung:

Wasser zum Kochen bringen und beiseite stellen. Schafgarbe zugeben
und 10 Min. ziehen lassen, abseihen und nach Geschmack mit Honig
süßen.

3.47 Tee aus Wermutkraut

Gut bei allgemeiner Schwäche, Blähungen, Magenschwäche,
Mundgeruch, Würmern, Gallenbeschwerden, Gelbsucht,
Nierenschwäche, Ohrenschmerzen, offenen Wunden, Verstauchungen
und Quetschungen. Kreislauf stärkend, menstruations- und
wehenfördernd.
Anzahl Portionen: 1
Kalorien p. Portion   0
Gramm p. Portion   122
Kochdauer ca.   5 Min.
(Kohlehydrat:0% / Eiweiß & Fett:0%)
100g.≈ Eiweiß 0g. Fett:0g.
µg. - Ph:0 Na:0,98 Ka:0 Mg:0,98 Ca:4,92 Fe:0,01 Zn:0,1 Col.:0 Hsr.:0

Zutaten:

Wermut 1 TL / 2g. (empfehlenswert)
Wasser 1 Tasse / 120g. (ja)

Kochanleitung:

2 TL Wermutkraut mit 250 ml kochendem Wasser übergießen, 3 Min.
ziehen lassen und abseihen. 30 Min. vor dem Essen trinken.

3.48 Teemischung appetitanregend

Ingwerpulver vertreibt Kälte, fördert Schwitzen, löst Stagnation.

Anzahl Portionen: 4
Kalorien p. Portion 0
Gramm p. Portion 127,5
Kochdauer ca. 10 Min.
(Kohlehydrat:83% / Eiweiß & Fett:17%)
100g.≈ Eiweiß 0,01g. Fett:0g.
µg. - Ph:0,02 Na:0,06 Ka:0,12 Mg:0,08 Ca:0,32 Fe:0 Zn:0,01 Col.:0 Hsr.:0

Zutaten:
Bitterorangenschale 3 g. / 3g. (ja)
Schafgarbentee 3 g. / 3g. (empfehlenswert)
Ingwer Pulver 1 g. / 1g. (ja)
Andornkraut 3 g. / 3g. (ja)
Wasser 500 ml / 500g. (ja)

Kochanleitung:
1 EL der Teemischung mit 500 ml Wasser überbrühen und 10 Min. ziehen lassen. Danach abseihen und in kleinen Schlucken vor dem Essen trinken.

3.49 Vollmilch-Getreide-Brei

Entzündungshemmend, antiallergisch, kreislaufstabilisierend, stoffwechselregulierend. Senkt Blutzucker und Cholesterin.

Anzahl Portionen: 1
Kalorien p. Portion 206
Gramm p. Portion 290
Kochdauer ca. 20 Min.
Allergene: AG
(Kohlehydrat:59,59% / Eiweiß & Fett:40,41%)
100g.≈ Eiweiß 8,98g. Fett:7,66g.
µg. - Ph:96,41 Na:73 Ka:144,97 Mg:18,31 Ca:88,66 Fe:0,42 Zn:0,33 Col.:4,14 Hsr.:6,62

Zutaten:
Kuhmilch (Vollmilch 3,5 % Fett) 200 ml. / 200g. (ja)
Wasser 50 ml. / 50g. (ja)
Dinkel Flocken 20 g. / 20g. (ja)
Obstmischung Fruchtsaft 20 g. / 20g. (empfehlenswert)

Kochanleitung:
Die Milch mit den Vollkornflocken aufkochen und quellen lassen. Das pürierte Obst dazugeben Wechseln Sie zwischen Weizen, Hafer und Dinkelvollkornflocken sowie die Obstsorten. So erhalten Sie eine Vielfalt an Geschmacksrichtungen.

4 Wirkung der Lebensmittel

4.1 Zutaten verwenden: empfehlenswert

Acaipulver
Acerola Fruchtnektar oder Pulver
Ahornsirup
Aloesaft
Apfel (süß)
Apfelmus
Apfelsaft (Naturtrüb)
Aprikose
Aprikosen Marmelade
Banane
Banane Kochbanane
Birnensaft
Brombeermarmelade
Erdbeermarmelade
Fischstücke gemischt (Süßwasser)
Gemüsesaft
Grüner Tee
Gurke (bitter)
Heidelbeermarmelade
Heidelbeersaft
Holunderblütentee
Johannisbeermarmelade (schwarz)
Kamille
Kirschenkompott

Knoblauch
Kompott (Früchte der Saison)
Kurkuma (Gelbwurz)
Lychee (Konserve)
Maniokmehl
Mittelmeerfisch (Kabeljau, Scholle, Schellfisch, Seeaal, Makrele)
Obstmischung Fruchtsaft
Orangenmarmelade
Pfefferminztee
Pfirsich (Dose)
Reishi
Safran
Schafgarbentee
Soja Cuisine (Soja-Sahne)
Vollkornbrot
Vollkornbrot mit ganzen Körner
Vollkornmehl
Weizen Mehl Vollkorn
Weizen/Roggen Grau- Schwarzbrot mit Hefe
Weizenkleie
Wermut

4.2 Zutaten verwenden: ja

Agar-Agar, Agartang
Agavendicksaft
Amaranth
Amaranth POPS
Ananas (aus der Dose)
Andornkraut
Angelikawurzel
Anis (gemeiner Fenchel)
Apfel (sauer)
Artischocke
Astronautenkost
Aubergine
Austern
Austernpilze
Austernschalenpulver
Backpulver
Baldrian
Bambussprossen
Banchatee
Bärentraubenblätter
Bärlauch (Knoblauchspinat)
Barsch

Basilikum
Basilikum (frisch)
Benediktinerdistel
Berberitzenrindetee
Bier (alkoholarm)
Bier (alkoholfrei)
Bitter Lemon
Bitterklee
Bitterorangenschale
Blätterteig
Blumenkohl (Karfiol)
Blütenpollen
Bockshornklee
Bohnenkraut
Bohnenöl
Borretsch
Borretschöl
Boxhornkleesamen
Brennnessel
Brie
Brokkoli
Brombeerblätter

Brösel (Weizenbrot, Semmel)
Brot mit Johannisbrotkernmehl
Brötchen (Semmel)
Buchweizen
Buchweizen (geröstet) Kasha
Buchweizen Vollkorn
Bulgur (Getreide)
Butter (halbfett)
Butter Bio
Buttermilch
Calamari
Camembert
Champignon
Channa-Dal
Chenpi (chinesische Mandarinenschale)
Chinakohl
Chlorella (Süßwasser)
Chrysanthemenblütentee
Colagetränk
Couscous
Creme fraiche
Cumin (Kreuzkümmel)
Curry
Currypaste rot
Dashi
Dill
Dinkel
Dinkel Brot
Dinkel Flocken
Dinkel Gries
Dinkel Vollkornmehl
Distelöl
Dornhai (Seeaal, Schillerlocken)
Dorsch
Dulse (Lappentang)
Edamer
Eibennuss
Eibisch (Hibiscus)
Emmentaler
Ente (Frühmastente, schlachtfrisch)
Ente (Herz)
Entenei
Enzianwurzel
Erbse, grün
Erbsen
Erdbeersaftgetränk
Erdnuss (geröstet)
Erdnussöl
Essig (Apfelessig)
Essig (Rotweinessig)
Essig Aceto Balsamico
Essig Aceto Balsamico weiss
Essiggurke

Estragon
Färberdiestel (Hong Hua)
Färberginsterkraut
Fasan
Feige
Fenchel
Fenchelsamen gemahlen
Fencheltee
Feta
Fisch Innereien
Fischreste
Fischsouce
Flaschenkürbis
Flohsamen
Flunder
Forelle
Forelle (geräuchert)
Frischkäse
Frischkäse mit Kräuter
Fruchtzucker (Fruktose, Traubenzucker)
Galgant
Gans
Gans (Gänseklein)
Gänseblümchen
Gänseblut
Gänseei
Garam Masala Pulver
Garnele
Gelatine weiss
Gelee Royal
Gerste
Gerste (Nacktgerste)
Gerste (Perlgerste)
Gerstengras Pulver
Gerstengraupen
Gerstengrütze
Gerstenmalz
Gerstenmehl
Getreidekaffee
Gewürznelke
Ginsengwurzel
Glühweingewürzmischung
Gorgonzola
Gouda
Grapefruit getrocknete Schale
Graskarpfen
Grünkern
Gurke
Gurke (Gewürzgurke)
Hafer
Hafer Flocken (Vollkorn)
Hafer Flocken geröstet
Hafer Mehl

Hafer Milch
Hafer Schmelzlocken (Babynahrung)
Hafer Schrot
Hagebutte
Hagebuttentee
Haifisch
Hammel
Hase
Hase, wild
Hefe
Heilbutt
Hibiskustee
Hijiki
Himbeerblättertee
Himbeermarmelade
Hiobsträne (Samen) YiYi Ren
Hirsch Fleisch
Hirsch Knochen
Hirsch Nieren
Hirseflocken
Hokkaidokürbis
Holunderbeeren
Honig
Hopfen
Huhn Fleisch
Hüttenkäse
Ingwer Pulver
Ingweröl
Jakobstränen
Jasminblütentee
Joghurt (natur, 1,5 % Fett)
Joghurt (natur, 3,5 % Fett)
Johannisbeermarmelade (rot)
Johannisbrotkernmehl
Kabeljau
Kaffee
Kaffeeweißer
Kakao
Kaktusfeige
Kalmus
Kaninchen Fleisch
Kapern (eingelegt)
Kapuzinerkresse
Karausche
Kardamom
Karotte (Frühkarotte)
Karotte (Mohrrübe, Möhre)
Karottensaft ohne Zucker
Karpfen
Kartoffel
Kartoffel (mehlige)
Kartoffelmehl
Käsepappeltee
Kastanien (Maronen)

Kefir
Kerbel
Kerbel getrocknet
Klettenwurzeltee
Knäckebrot
Kohlrabi
Kohlrübe
Kombualge
Koriander
Koriandergrün
Krabbe
Krake
Kräuter bittere
Kräuter der Provence
Kräuter verschiedene
Kräuter Wildkräuter
Kräuterteemischung
Kresse
Kuhmilch (1,5 % Fett)
Kuhmilch (Vollmilch 3,5 % Fett)
Kukichatee
Kümmel
Kümmel gemahlen
Kumquat
Kürbis
Kürbiskernöl
Kuzu
Lamm Fleisch
Lamm Schulter
Languste
Lauch (Porree)
Lauchzwiebel Schnittlauch
Laugengebäck
Lavendelblüten
Leberglättertee
Leinöl
Leinsamen
Leinsamen (geschrotet)
Liebstöckel
Liebstöckelsamen
Lindenblütentee
Löffelbiskuit
Longane
Loquate/Japanische Mispel
Lorbeerblatt
Lotossamen
Lotoswurzeln
Löwenzahn (junger)
Löwenzahnsaft
Löwenzahnwurzeltee
Magermilchpulver
Mais
Mais (geröstet)
Mais (Schnellpolenta)

Mais Gries (Polenta)
Mais Mehl (Maizena)
Maishaartee
Maiskeimöl
Maisstärke
Majoran
Makannastern Samen
Malventee
Malz
Mangold
Mangosaft
Margarine
Meeräsche
Meereskrebs
Mehrkornbrot (Graubrot)
Melisse
Miesmuscheln
Mineralwasser
Miso
Miso schwarz (fermentiert)
Mispel
Mixed Pickels
Mohn
Molke
Morchel (schwarz, getrocknet)
Mozzarella
Mu-Erh-Pilz
Mungbohnensprossen
Muskatnuss
Müsli
Nachtkerzenöl
Nektarine
Nelke
Nori, Purpurtang, Rotalge
Nudeln (Vollkorn) mit Ei
Nudeln (Weizen) mit Ei
Nudeln (Weizen, Bandnudeln) mit Ei
Nudeln (Weizen, Lasagneblätter) mit Ei
Nudeln (Weizen, Spagetti) mit Ei
Odermennig
Okra
Oliven
Oliven grün
Olivenöl
Orange abgeriebene Schale
Orange getrocknete Schale
Orange Schale
Orangenblüten
Oregano frisch
Oregano getrocknet
Palmöl
Paprika
Paprika (Rosenpaprikapulver)
Paprika (süß)

Parmesan
Passionsblumenblütentee
Passionsfrucht (Maracuja)
Pastinake
Peperoni
Petersilie
Petersilienwurzel
Pfefferminze
Pfeilwurzelmehl
Pferd Fleisch
Pfifferlinge/Eierschwammerl
Piment
Preiselbeere
Preiselbeermarmelade
Preiselbeersaft
Puddingpulver Vanille
Pumpernickel
Pute Brustfleisch
Pute Schinken
Qualle
Quargel 20%
Quinoa
Quitte
Radicchio
Rapsöl
Reh Fleisch
Reis Basmatireis
Reis Duftreis
Reis Gaoliangreis (Sorghum)
Reis Klebreis
Reis Langkornreis
Reis Reisschleim
Reis Roter
Reis Rundkornreis
Reis Schwarzer
Reis Sorte beliebig
Reis Süßer
Reis Vollkorn
Reis Wilder (Naturreis)
Reismalz
Reismehl
Reisnudeln
Reisstärke
Rettich (weiß, grün, lila-rot)
Rettich schwarz
Rettichblätter (vom Wochenmarkt)
Rhabarber
Rind (Kalb)
Rind Filet
Rind Fleisch
Roggen
Roggen Vollkornbrot
Roggenmehl
Rosenblättertee

Rosenblütentee
Rosenkohl
Rosmarin
Rotbarsch
Rote Rübe
Rotkohl
Sago (Getreide)
Sahne 10% Kaffeesahne
Sahne sauer 10%
Sake
Salbei
Sanddorn
Sardellen/Sardine
Sauerampfer
Sauerkraut
Sauermilch
Sauerrahm 15% Fett
Sauerteig
Schaffleisch
Schafgarbe
Schafmilch Joghurt
Schafskäse
Schafsmilch
Schimmelkäse
Schlehdorn
Schmelzkäse 12%
Schnecke
Scholle
Schwarzer Fungu Pilz
Schwarzkümmel
Schwarztee
Schwarzwurzel
Schwedenkraut (Schwedenbitter)
Seegurke
Sellerie Knolle
Sellerie Stangensellerie
Senf
Senf mittelscharf
Senf süß
Sesam Paste (Tahini)
Sesamöl
Sesamöl geröstet
Shiitake, getrocknet
Shrimps
Silbermorchel, getrocknet
Soja Tofu
Sojabohnen, Schwarze, fermentiert
Sojabohnenmilch
Sojacreme
Sojamehl
Soja-Nudeln
Sojaöl
Sojapaste (Miso)
Sojasauce

Sonnenblumenöl
Spargel (grün oder weiß)
Speiserüben
Spinat
Spitzwegerichtee
Steinpilz/Herrenpilz
Sternanis
Stevia (Süßkraut)
Stutenmilch
Süßholzwurzeltee
Süßkartoffel
Süßwasserfisch
Süßwasserkrebs
Taube
Taube Ei
Teemischung Harnsäuresenkend
Thunfisch
Thymian
Thymian getrocknet
Tintenfisch
Toastbrot (Vollkorn)
Tomate
Tomatenmark
Tomatenpüre
Tomatensaft
Tonicwasser
Topfen (Quark) 20%
Traubenkernöl
Traubensaft weiß
Trüffel
Tsampa (geröstetes Gerstenmehl)
Umeboshipaste
Umeboshipflaumen (Japanaprikosen)
Vanille
Vanillepulver
Vanilleschote
Vanillezucker natur
Vogelmiere
Wacholderbeere
Wachskürbis
Wakame
Walnüsse geröstet
Walnussöl
Wasser
Wasser heiss
Weißdorn
Weißfischchen
Weißkohl/Weißkraut
Weißwurz
Weizen
Weizen Bulgurweizen
Weizen Flocken
Weizen Gras Pulver
Weizen Gries

Weizen Gries - Kindergries
Weizen Mehl
Weizengrassaft
Weizenkeimöl
Wermutkraut
Wildkräuter
Wildschwein Fleisch
Wirsing/Grünkohl
Yamswurzel, Yamswurzelknolle
Yogitee
Ysop
Ziege
Ziegen- und Schafsmilch
Ziegenkäse
Zimtpulver

Zimtstange
Zitrone Schale
Zitronengras
Zitronenmelisse (frisch)
Zitronenmelisse (getrocknet)
Zucchini
Zucker Fructose Fruchtzucker
Zucker Glukose Traubenzucker
Zucker Milchzucker
Zuckerersatz (Süßstoff)
Zwieback
Zwiebel Frühlingszwiebel
Zwiebel rot
Zwiebel Schalotte
Zwiebel weiss

4.3 Zutaten verwenden: wenig

Aal
Adzukibohnen
Ananassaft ungezuckert
Aprikosennektar
Beerensaft
Bier (Altbier)
Bier (Pils)
Birne
Bitterlikör
Bohnen (grün, frisch)
Bratöl
Buschbohnen
Butterbohnen weiße
Butterschmalz
Campari
Clementinen
Colagetränk (kalorienarm)
Datteln rot
Erdbeere
Fernet Branca (Kräuterbitterlikör)
Frischkäse aus Soja
Früchtetee
Gagelpflaume
Gans (Gänseschmalz)
Ginkgofrucht
Ginsenglikör
Grundrezept für eine Entenbrühe
Grundrezept für eine Fischbrühe
Grundrezept für eine Hühnerbrühe
wärmend
Guave
Hirse
Honigmelone
Honigwein (Met)
Huhn Blut
Huhn Ei

Huhn Eigelb
Huhn Eiweiß
Huhn Herz
Huhn Leber
Huhn Magen
Hummer
Ingwer frisch
Johannisbeere (schwarz)
Johannisbeernektar (schwarz)
Kaki-Pflaume
Kaninchen Leber
Karambole/Sternfrucht
Kaviar
Kichererbsen
Kirschsaft
Kiwi
Kokosfett
Lachs
Lamm Knochen
Lamm Leber
Lamm Nieren
Limabohnen
Linsen (Helmbohnen)
Linsen gelb
Linsen rot
Linsen schwarz
Luohan-Frucht
Lychee
Lycheelikör
Makrele
Malzbier
Mandarine
Mango
Mangopulver
Margarine (Diät)
Marillen

Marillensaft
Martini
Mascarpone
Mirabelle
Moosbeere
Mungbohne
Nierenbohnen (rote)
Orange
Papaya
Pfeffer Cayenne
Pfeffer Körner
Pfeffer weiss (gemahlen)
Pfirsich
Pflaume
Pintobohnen gesprenkelt
Pistazien
Prosecco
Rettich Meerrettich (Kren)
Rind Fleischknochen
Rind Herz
Rind Herz (Kalb)
Rind Knochenmark
Rind Leber
Rind Lunge (Kalb)
Rind Magen
Rind Niere
Rind Ochsenschwanzstücke
Rind Suppenfleisch
Rote Grütze (ohne Zucker)
Rotwein
Rum
Sahne sauer 20%
Sahne sauer 30%
Sahne, süß 30%
Salz
Salz Kräutersalz
Saubohnen (Dicke Bohnen)
Schmelzkäse 30%
Schnaps
Schokolade
Schokolade (Diabetiker)
Schwarzaugenbohnen
Schwarze Bohnen
Schwein Blut
Schwein Bratwurst
Schwein Darm
Schwein Fett
Schwein Fleisch
Schwein Haut
Schwein Haxe (Eisbein)
Schwein Herz
Schwein Hirn
Schwein Leber

Schwein Lunge
Schwein Magen
Schwein Markknochen
(Röhrenknochen)
Schwein Mettwurst
Schwein Nieren
Schwein Schinken
Schwein Schinken gekocht
Schwein Schinken geselcht
Schwein Schinkenspeck
Schwein Schmalz
Senf Dijon
Sesam, Weißer
Sherry
Soja Tofu geräuchert
Sojabohne
Sojabohnen, Gelbe
Sojabohnen, Schwarze
Stangenbohnen (Fisolen)
Topfen (Quark) 40%
Traubensaft rot
Wachtel
Wachtel Ei
Wassermelone
Weißbrot (Weizenbrot)
Weißbrot Baguette
Weißbrot Brösel (Weizenbrot)
Weißbrot Knödelbrot (Weizenbrot)
Weißbrot Salzstangerl
Weißbrot Semmel
Weiße Bohnen
Weißwein
Weizen Bier
Weizen Fladenbrot
Ziegen- und Schafsblut
Ziegen- und Schafshirn
Ziegen- und Schafsleber
Ziegen- und Schafsmagen
Zitrone
Zitrone Saft
Zitrone, Limette
Zucker (Staubzucker)
Zucker (weiß, aus Rüben)
Zucker braun
Zucker Kandis weiß
Zucker Melasse
Zucker Palmzucker
Zucker Ursüße (Zuckerrohr) süß

4.4 Kontraindikativ wirkende Lebensmittel nicht verwenden

Aal geräuchert
Ananas
Aprikose getrocknet
Avocado
Bataviasalat
Beeren der Saison
Blattsalate (bitter)
Bocksdornfrüchte (Fructus Lycii) getrocknet
Brombeere
Brombeere getrocknet (unreife)
Cashewnüsse
Chicorée
Chili (Schote oder gemahlen)
Cranberries
Datteln getrocknet
Eisbergsalat
Endiviensalat
Erdnussbutter
Erdnüsse
Feige getrocknet
Feldsalat
Granatapfel
Grapefruit/Pampelmuse/Pomelo
Grapefruitsaft
Haselnüsse
Heidelbeere
Heidelbeere getrocknet
Hering
Himbeere
Himbeere getrocknet (unreife)
Johannisbeere (rot)
Johannisbeere (weiß)
Kirsche
Kirsche (sauer)
Klementine
Kokosflocken

Kokosmilch
Kokosnussfleisch
Kokosraspeln
Kopfsalat
Korinthen (rot)
Korinthen (schwarz)
Kürbiskerne
Mandelmilch
Mandelmus
Mandeln
Mandeln Marzipan
Maulbeerfrucht
Mayonnaise 50%
Mayonnaise 80%
Orangensaft
Paranuss
Peperoni, gelb, entkernt, halbiert
Peperoni, rot, entkernt, halbiert
Pflaume getrocknet
Pinienkerne
Radieschen
Reineclaude
Römersalat/Lattich-Salat
Rosinen
Sauerkirsche
Senfsamen
Sesam, Schwarzer
Sonnenblumenkerne
Stachelbeere
Tabasco
Tomate getrocknet
Trauben rot
Trauben weiß
Vogerlsalat (Pflücksalat)
Walderdbeeren
Walnüsse
Zwetschken

5 Komplementär

5.1 Fertiggetränk

5.1.1 Aronia (Apfelbeeren)

Gegen freie Radikale. Aufgrund des hohen Flavonoid-, Folsäure, Vitamin-K- und Vitamin-C-Gehalts zählt die Aronia zu den Heilpflanzen. Die Aronia sind im Fachhandel als getrocknete Beeren, als Saftkonzentrat, als Tee und als Getränk erhältlich.
1-2 Glas pro Tag
Aufgrund des hohen Flavonoid-, Folsäure, Vitamin-K- und Vitamin-C-Gehalts zählt die Aronia zu den Heilpflanzen. Die Aronia sind im Fachhandel als getrocknete Beeren, als Saftkonzentrat, als Tee und als Getränk erhältlich.

5.2 Heil-Tee (Aufguss)

5.3 Rooibos

Antioxidativ, entzündungshemmend, krebshemmend, schützt durch enthaltene Flavonoide, positive Wirkung auch auf Alzheimer, Arteriosklerose. Antiallergisch, hemmt die Histaminausschüttung. Antibakteriell, antiviral, antifungal, entgiftend (basisch).
3-4 Teelöffel Rooibos mit einem Liter kochendem Wasser überbrühen und 6-10 Min. ziehen lassen. Bei weichem Wasser benötigen Sie weniger Tee für die Zubereitung, bei härterem Wasser empfehlen wir eine höhere Dosierung.

5.4 Komplementäre Anwendung

5.4.1 Ayur Veda

Ayurveda ist eine Kombination aus empirischer Naturlehre und Philosophie, welche die Ausgewogenheit des Körpers anstrebt. Ayurveda hat einen ganzheitlichen Anspruch, da der ganze Mensch mit einbezogen wird. Es werden pflanzliche Heilmittel verabreicht, welche eingenommen oder aufgetragen werden. Dadurch werden Organe gestärkt oder eine Entgiftung/Entschlackung angeregt.
Speziell bei Krebs wird das Ungleichgewicht verschiedener Elemente beschrieben und behandelt. Die Methoden der Schulmedizin mit

Chirurgie, Strahlentherapien und andere Behandlungsmethoden ähneln denen der Ayurveda in vielen Punkten.

5.4.2 Einschlafkissen mit Hopfenzapfen

Entspannend, ausgleichend, stimmungsaufhellen.
Bei Bedarf anwenden.

5.4.3 Klangschalentherapie

Durch Klangwellen, die beim Anschlagen einer Klangschale entstehen, lernen die Betroffenen, sich wieder zu entspannen.
Viele Krebs-Patienten leiden vor allem psychisch unter ihrer Erkrankung. Sie können sich nicht mehr richtig entspannen und haben große Angst. Ihnen kann die Klangschalentherapie helfen. Durch Klangwellen, die beim Anschlagen einer Klangschale entstehen, lernen die Betroffenen, sich wieder zu entspannen. Durch die tiefe Entspannung können aber auch Entscheidungen oder Erkenntnisse besser wahrgenommen werden welche einer erfolgreichen Krebstherapie helfen. Die Therapeuten können zu speziellen Fragestellungen motivieren und dann die Patienten in die Entspannung führen. Im Zustand dieser tiefen Entspannung können die Gedanken dann um so ein Thema kreisen gelassen werden und so eine Verarbeitung von Erfahrungen leichter bewältigt werden.

5.4.4 Lichttherapie

Lichttherapie ist eine komplementäre und schonende Behandlung gegen saisonale Depressionen.
Heute gibt es mit der Lichttherapie, ein komplementäre und schonende Behandlung gegen saisonale Depressionen. Die meisten Patienten fühlen sich bereits nach wenigen Anwendungen wesentlich besser und ein überwältigend hoher Prozentsatz kann sogar dauerhaft vom sogenannten SAD-Syndrom (Erschöpfungssyndrom) geheilt werden. Speziell bei chronischen Erkrankungen können die positiven Wirkungen auf die Psyche stimulieren und so einen Heilerfolg unterstützen.
Eine punktuelle Lichttherapie kann bei Hautkrebs oder im Bereich von Mund und Rachentumoren eingesetzt werden. Dabei wird zunächst eine lichtempfindliche Substanz verabreicht und danach mit speziellen Lichtfrequenzen bestrahlt. Bei der Bestrahlung bilden sich aus den lichtempfindlichen Substanzen aggressive Sauerstoff Moleküle, welche die Tumorzellen direkt abtöten oder zum Verschluss von Blutgefäßen führen, wodurch ebenfalls Tumorzellen abgetötet werden. Das gesunde Gewebe in der Umgebung wird weitestgehend geschont.

5.4.5 Misteltherapie

Die Misteltherapie ist die am besten dokumentierte komplementäre Begleitung zur klassischen onkologischen Krebstherapie
Die Misteltherapie ist die am besten dokumentierte komplementäre Begleitung zur klassischen onkologischen Krebstherapie Sie besteht aus einem wässrigen Extrakt der Mistel. Dieser Extrakt wird mit einer Spritze unter die Haut gespritzt. Immer mehr Ärzte und Patienten vertrauen auf ihre verlässliche und sichere Wirkung und die ausgezeichnete Verträglichkeit. Die Wirkung der Misteltherapie ist eine bessere Verträglichkeit der Chemotherapie. Die Verbesserung des Allgemeinzustandes (Verringerung der Pflegebedürftigkeit und Besserung der körperlichen und mentalen Befindlichkeit) sowie eine Verbesserung von Schlaf und Appetit. Auch eine Reduktion von Schmerz ist feststellbar. Die Misteltherapie wird von Ihrem Arzt verordnet (Rezept). Mit diesem Rezept holen Sie sich dann in der Apotheke das Arzneimittel. Im Vergleich zum praktischen Nutzen sind die Kosten der Therapie sehr gering; egal ob sie von der Krankenkasse bezahlt wird, oder nicht (die Genehmigung variiert).

5.4.6 Selbsthilfegruppen

Die meisten Mitglieder von Selbsthilfegruppen haben die Erfahrung gemacht, die Belastungen der Erkrankung besser zu bewältigen. Durch den Erfahrungsaustausch werden die für den jeweiligen Krankheitsverlauf besten Möglichkeiten der Mithilfe bei der Therapie erkannt. Durch die Eingliederung in eine Gemeinschaft wird auch der Zustand der Einsamkeit in seiner Situation bewältigt. Speziell bei der Lösungsfindung zu einzelnen Situationen können selbst Betroffene viel glaubwürdiger ihr Fachwissen vermitteln als Personen, welche die Methoden lediglich theoretisch gelernt haben. Die Mitglieder können außerdem meistens besser mit Ärzten und Therapeuten sprechen, weil die Themen bereits in den Gruppen besprochen wurden. Außerdem gelingt den Selbsthilfegruppen oft kritische und innovative Impulse auszudrücken, welche zur Veränderung und zum Umdenken im professionellen Bereich beitragen. In Selbsthilfegruppen wird Fachwissen zusammengetragen und durch Erfahrungen der einzelne Betroffenen ergänzt. So entsteht ein ganzheitliches Wissen, das die Mitglieder befähigt, Entscheidungen fundiert zu treffen und in unüberschaubaren System der Therapieangebote professionelle Dienste sinnvoll zu nutzen. Patienten, die in der Selbsthilfe engagiert sind, haben oft kürzere Klinikaufenthalte, weniger Therapiestunden und einen geringeren Medikamentenverbrauch.

5.5 Speisezugabe

5.5.1 Stevia (Süßkraut)

Süßstoff für Diabetiker oder für Gewichtsreduktion. Blutdrucksenkende, antimikrobielle, gefäßerweiternde Wirkung.
Achtung - mit Ihrem Arzt oder Therapeuten absprechen.
Als Süßstoff, getrocknet oder frisch
In einigen Studien wurden fruchtschädigende und mutagene Wirkungen in Hamstern und Ratten beschrieben, außerdem eine Mutagenität in vitro. In der EU als Lebensmittel nicht zugelassen. Stevia-Anhänger wittern dahinter eine Verschwörung der Zuckerlobby und Voreingenommenheit der EU-Kommission. Schließlich wird Steviosid in Asien seit Jahrzehnten als Süßstoff verwendet – bisher ohne negative Folgen.
Die der WHO vorliegenden Studien bezüglich der Auswirkungen von Steviol in vivo haben keine Hinweise auf mutagene Wirkungen am Menschen ergeben. Nur auf eigene Gefahr.

5.6 Verschiedene Möglichkeiten

5.6.1 Mandelpilz

Der Madelpilz hat eine enorm modulierende Wirkung auf das Immunsystem. Das heißt, er ist in der Lage das Immunsystem entweder zu aktivieren oder zu regulieren.
Der Mandelpilz ist sowohl zur Vorbeugung gegen Infekte als auch zu deren Behandlung wirkstark. Ein weiteres Einsatzgebiet kann die unterstützende Behandlung von Allergien und autoaggressiven Erkrankungen sein. Inhaltsstoffe: Polysaccharide, ß-D-Glucanen, Ergosterin und Ergosterol, Aminosäuren, Mineralstoffe und Vitamine.

5.6.2 Schmetterlingsporling, Yun Zhi, Kawaratake

Stark antioxidative und das Immunsystem modulierende Wirkung.
Regenerative Wirkung auf Leber und Milz.
Einer der wichtigsten Vitalpilze bei erregerbedingten Erkrankungen.
Sowohl gegen Viren wie Coxackie-, Epstein Barr- oder Human Papilloma, als auch gegen Protozoen (Einzeller) wie Leishmanien und den Malariaerreger. Des Weiteren hemmt der Pilz Hefepilze wie Candida albicans und Bakterien wie Strepto- und Staphylokokken.
Der Coriolus ist ein sehr gut verträglicher Pilz, sollte aber in der Schwangerschaft wegen seiner antiöstrogenen Wirkung nicht eingenommen werden.

6 Grundlagen der Ernährung

Die hier beschriebenen Grundlagen der Ernährung zeigen allgemeine Empfehlungen und beziehen sich nicht auf eine spezielle Therapieform. Die Empfehlungen der Therapie haben Vorrang.

6.1 Ernährung

Die regelmäßige Einnahme von Mahlzeiten in entspannter Atmosphäre. Ein wärmendes Frühstück gilt als guter Start in den Tag. Mittags sollte die Hauptmahlzeit stattfinden - das Abendessen am frühen Abend.

Die Beachtung von Hunger- und Sättigungsgefühlen: Nicht überessen und nicht hungern, so lautet die Regel.

Die frische Zubereitung der Speisen aus naturbelassenen, regionalen Produkten. Tiefgekühlte, hitzekonservierte, industriell vorgefertigte oder mikrowellengegarte Lebensmittel werden gemieden.

Die Auswahl von Lebensmittel nach der Jahreszeit: Im Sommer mehr kühlende Nahrung, im Winter mehr wärmende Nahrung.

Mindestens zweimal am Tag Gekochtes essen. Speisen und Getränke sollen möglichst handwarm, niemals eiskalt oder heiß sein.

Rohkost, kurz gegartes Gemüse, frisch gepresste Säfte und Mineralwasser werden üblicherweise nicht empfohlen. Milch und Milchprodukte stehen nur dann auf dem Speiseplan, wenn sie problemlos vertragen werden.

Therapeutische Rezepte nicht über einen längeren Zeitraum ohne Rücksprache mit dem Arzt oder Therapeuten einnehmen.

1. Vielseitig essen
Lebensmittelvielfalt genießen. Merkmale einer ausgewogenen Ernährung sind abwechslungsreiche Auswahl, geeignete Kombination und angemessene Menge nährstoffreicher und energiearmer Lebensmittel. (Einerseits Schutz vor Unterversorgung mit essentiellen Nährstoffen und andererseits Schutz vor einer überhöhten Zufuhr unerwünschter Inhaltsstoffe.)

2. Reichlich Getreideprodukte - und Kartoffeln
Brot, Nudeln, Reis, Getreideflocken (am besten aus Vollkorn), sowie

Kartoffeln enthalten kaum Fett, aber reichlich Vitamine, Mineralstoffe, Spurenelemente sowie Ballaststoffe und sekundäre Pflanzenstoffe. Diese Lebensmittel sollten mit möglichst fettarmen Zutaten verzehrt werden.

3. Gemüse und Obst - Nimm "5" am Tag ...
5 Portionen Gemüse und Obst am Tag, möglichst frisch, nur kurz gegart, oder auch eine Portion als Saft – idealerweise zu jeder Hauptmahlzeit und auch als Zwischenmahlzeit: Damit werden reichlich Vitamine, Mineralstoffe sowie Ballaststoffe und sekundären Pflanzenstoffe (z.B. Carotinoiden, Flavonoiden) zugeführt. Das Beste, was man für die eigene Gesundheit tun kann.

4. Täglich Milch und Milchprodukte, ein- bis zweimal in der Woche
Fisch; Fleisch, Wurstwaren sowie Eier in Maßen. Diese Lebensmittel enthalten wertvolle Nährstoffe, wie z.B. Calcium in Milch, Jod, Selen und Omega-3-Fettsäuren in Seefisch. Fleisch ist wegen des hohen Beitrags an verfügbarem Eisen und an den Vitaminen B1, B6 und B12 vorteilhaft. Mengen von 300 - 600 g Fleisch und Wurst pro Woche reichen hierfür aus. Fettarme Produkte bevorzugen, vor allem bei Fleischerzeugnissen und Milchprodukten.

5. Wenig Fett und fettreiche Lebensmittel
Fett liefert lebensnotwendige (essenzielle) Fettsäuren und fetthaltige Lebensmittel enthalten auch fettlösliche Vitamine. Fett ist besonders energiereich, daher kann zu viel Nahrungsfett Übergewicht fördern, möglicherweise auch Krebs. Zu viele gesättigte Fettsäuren fördern langfristig die Entstehung von Herz-Kreislauf-Krankheiten. Pflanzliche Öle und Fette bevorzugen (z.B. Raps-, Oliven- und Sojaöl und daraus hergestellte Streichfette). Auf unsichtbares Fett achten, das in Fleischerzeugnissen, Milchprodukten, Gebäck und Süßwaren sowie in Fast-Food- und Fertigprodukten meist enthalten ist. Insgesamt 70 - 90 Gramm Fett pro Tag reichen aus.

6. Zucker und Salz in Maßen
Nur gelegentlich Zucker und Lebensmittel, bzw. Getränke verzehren, die mit verschiedenen Zuckerarten (z.B. Glucose Sirup) hergestellt wurden. Kreativ mit Kräutern und Gewürzen und wenig Salz würzen. Jodiertes Speisesalz bevorzugen.

7. Reichlich Flüssigkeit
Wasser ist absolut lebensnotwendig. Jeden Tag rund 1-2 Liter Flüssigkeit trinken. Wasser (ohne oder mit Kohlensäure) und andere kalorienarme Getränke bevorzugen. Alkoholische Getränke sollten nicht konsumiert

werden.

8. Schmackhaft und schonend zubereiten

Die jeweiligen Speisen bei möglichst niedrigen Temperaturen garen, soweit es geht kurz, mit wenig Wasser und wenig Fett - das erhält den natürlichen Geschmack, schont die Nährstoffe und verhindert die Bildung schädlicher Verbindungen.

9. Sich Zeit nehmen und das Essen genießen

Bewusstes Essen hilft, richtig zu essen. Auch das Auge isst mit. Sich beim Essen Zeit lassen. Das macht Spaß, regt an, vielseitig zuzugreifen und fördert das Sättigungsempfinden.

10. Auf das Gewicht achten und in Bewegung

Ausgewogene Ernährung, viel körperliche Bewegung und Sport (30 bis 60 Minuten pro Tag) gehören zusammen. Mit dem richtigen Körpergewicht fühlt man sich wohl und fördert die Gesundheit.

Thermik, Wirkrichtung, Verdauungskraft

Es gibt unterschiedliche Kriterien, die Wirksamkeit von Kräutern und Lebensmittel zu beurteilen. Der Einsatz der Kräuter und Zutaten basiert auf Beobachtung, was die Lebensmittel, Kräuter und Gewürze nach ihrem Verzehr im Körper bewirken. In der Medizin hat sich daraus folgendes System entwickelt: Jede Zutat oder Kraut hat eine Wirkrichtung. Außerdem gibt es noch Kräuter, die eine besondere Wirkung auf bestimmte Organe haben.

Voraussetzung für einen gesunden Stoffwechsel ist es, darauf zu achten, dass wir ausreichend Energie aus der Nahrung gewinnen und der Verdauungsprozess so wenig Energie wie möglich verbraucht. Eine bekömmliche Mahlzeit macht zufrieden und satt, verursacht keine Blähungen und keine Müdigkeit nach dem Essen. Richtiges Würzen erhöht die Bekömmlichkeit unserer Speisen. Es genügen oft schon geringe Mengen an Kräutern und Gewürzen. Sie dienen nicht dazu, uns satt zu machen, sondern helfen unseren Verdauungsorganen, die Nahrung zu verdauen.

6.2 Rezepte

Die Rezepte zeigen Ihnen welche Zutaten verwendet werden sowie mit der Kochanleitung wie diese zubereitet werden. Bei den Zutaten wird neben den Mengenangaben auch die Wichtigkeit für die Therapie angezeigt. Wenn dabei angezeigt wird "weniger als angegeben" versuchen Sie diese Empfehlung einzuhalten oder eine Alternative aus der Liste der "Empfohlenen Lebensmittel" zu finden. Meistens ist es nur eine leichte geschmackliche Änderung wenn Sie diese Zutat gänzlich weglassen.

Schonende Kochmethoden: Kochen, dämpfen, pochieren, dünsten
Scharfe Kochmethoden: Grillen, rösten, anbraten, räuchern
Ausgeglichene Kochmethoden: Frittieren, Römertopf

Auf das Einfrieren und erwärmen in der Mikrowelle sollte verzichtet werden (Denaturierung).

6.3 Lebensmittel

Lebensmittel wirken wie Heilkräuter auf Körper und Geist, nur wesentlich sanfter. Die Ernährungsberatung stützt sich hauptsächlich auf heimische Lebensmittel. Das Wissen über die Wirkungsweisen jedes einzelnen Lebensmittels und das Wissen wann welche Lebensmittel zur Anwendung kommen, entstammt der Schulmedizin. Verwende Sie möglichst Erzeugnisse aus ökologischen-biologischem Landbau.

Da wegen der besseren Verdaulichkeit grundsätzlich alles lange gekocht und kaum roh gegessen wird, ist die Verträglichkeit hervorragend.

Die Einteilung der Lebensmittel entsprechend ihrer Wirkung auf den Körper und bildet die Basis, um einen ausgewogenen und harmonischen Gesundheitszustand im Körper zu erreichen.

Grundsätzlich empfiehlt die Ernährungsberatung keine bestimmten Lebensmittel für Jedermann. Ausschlaggebend für den individuellen Speiseplan ist vor allem die persönliche Konstitution.

Kaufen Sie nur frisches und reifes Obst und Gemüse ein. Braune Stellen, welke Blätter aber auch unreifes Obst und Gemüse sollten Sie im Supermarkt zurücklassen. Greifen Sie dann zu Tiefkühlware (keine Fertiggerichte!). Tiefkühlobst und -gemüse werden kurz nach dem Ernten schockgefroren und enthalten deshalb oftmals mehr Vitamine und Mineralstoffe, als die Ware aus der Obst- und Gemüsetheke! Konserven- und Dosenware dagegen enthält wesentlich weniger Biostoffe. Zudem werden Letztere meist mit Salz, Zucker usw. angereichert. Lassen Sie die Zutaten nach dem Waschen nie im Wasser liegen, denn so gehen viele Vitalstoffe ins Wasser über! Putzen Sie Salate, Früchte und Gemüse erst unmittelbar vor Verzehr.

Beachten Sie bitte die hygienische Verarbeitung der Lebensmittel. Waschen Sie Ihre Salate, Früchte und Gemüse gründlich. Bei Gerichten mit Fleisch bereiten Sie zuerst die Zutaten vor und verarbeiten dann die

Fleischprodukte. Reinigen Sie danach die Arbeitsflächen und Werkzeuge besonders gründlich. Holzunterlagen sollten regelmäßig mit leichtem Desinfektionsmittel behandelt werden um die Keimbildung einzuschränken.

Bewahren Sie Obst und Gemüse möglichst getrennt voneinander auf. Auch geerntete Früchte und Gemüse leben und strömen z.B. Ethylengas aus, das andere Sorten schneller reifen und altern lässt. Fleisch und Fisch in der verschlossenen Verpackung lassen oder in luftdichten Boxen im Kühlschrank aufbewahren.

6.4 Kräuter

Bei der Aufbewahrung und Lagerung von Heilkräutern, müssen gewisse Grundregeln beachtet werden. Grundsätzlich müssen Heilkräuter geschützt vor direkter Sonneneinstrahlung, vor Feuchtigkeit und vor heißen Temperaturen gelagert werden.

Als Gefäße für die Lagerung von Heilkräutern können Gläser, Keramik-Behälter und zur Not auch Plastik-Dosen eingesetzt werden. Plastik ist aber ein sehr unreines Material und sollte daher wirklich nur eine kurzfristige Notlösung sein. Bei Glasbehältern ist darauf zu achten, dass dunkles Glas verwendet wird.

Heilkräuter können nicht beliebig lange aufbewahrt werden. Die Haltbarkeit von Heilkräutern ist auf jeden Fall begrenzt. Durch die Haltbarkeitsdauer kann durch sachgerechte Lagerung wesentlich erhöht werden. So soll der Lagerplatz dunkel, eher kühl und absolut trocken sein. Ein Medizinschrank aus Holz, der nicht direkt bei einer Wärmequelle platziert ist wäre ideal. Um Ihre Heilkräuter nicht wegwerfen zu müssen, kaufen Sie nicht zu große Mengen an Heilpflanzen. Beschriften Sie die Behälter mit dem Namen des Heilkrauts und dem Datum der Ernte bzw. der Verarbeitung.

7 Weitere Ernährungsvorschläge

Folgende Syndrome der Diätetik, der TCM oder als Therapieergänzung bei Krebs sind verfügbar.

DIÄTETIK
1. Ernährung des Säuglings - Beikost
2. Ernährung in der Stillzeit
3. Ernährung im Alter
4. Ernährung von Kindern und Jugendlichen
5. Ernährung von Sportlern
6. Leichte Vollkost
7. Schwangerschaft
8. Vollkost

Eiweiß und Elektrolyt – Nieren
9. (Hämo-)Dialysebehandlung
10. Akutes Nierenversagen
11. Chronische Niereninsuffizienz
12. Nephrotisches Syndrom
13. Nierensteine (Nephrolithiasis)

Gastrointestinaltrakt - Bauchspeicheldrüse
14. Akute Pankreatitis (Entzündung der Bauchspeicheldrüse)
15. Chronische Pankreatitis (Entzündung der Bauchspeicheldrüse)

Gastrointestinaltrakt - Dünndarm und Dickdarm
16. Akute Obstipation (Verstopfung)
17. Chronische Obstipation (Verstopfung)
18. Colon irritabile
19. Divertikulitis
20. Erworbene Laktoseintoleranz (Laktosemalabsorption)
21. Fruktosemalabsorption
22. Glutensensitive Enteropathie (Zöliakie)
23. Kolektomie
24. Kurzdarmsyndrom

Gastrointestinaltrakt - Leber, Gallenblase, Gallenwege
25. Akute und chronische Hepatitis (Entzündung der Leber)
26. Cholelithiasis (Gallensteine)
27. Fettleber
28. Leberzirrhose

Gastrointestinaltrakt - Magen und Zwölffingerdarm
29. Akute Gastritis
30. Chronische Gastritis
31. Magenblutung
32. Ulcus ventriculi und Ulcus duodeni
33. Zustand nach Magenoperation

Gastrointestinaltrakt - Mundhöhle und Speiseröhre
34. Mundschleimhautentzündung
35. Ösophaguskarzinom (Speiseröhrenkrebs)
36. Reflüxösophagitis (Sodbrennen)

spezielle Krankheiten
37. Phenylketonurie (PKU)
38. Rheumatische Gelenkserkrankungen

Stoffwechsel
39. Adipositas (Übergewicht)
40. Diabetes mellitus
41. Essstörungen (Untergewicht)
Fettstoffwechsel
42. Hypercholesterinämie (erhöhter Cholesterinspiegel)
43. Hepatische Enzephalopathie
Herz- und Kreislauf
44. Artericsklerose (Arterienverkalkung)
45. Herzinsuffizienz
46. Hypertonie (Bluthochdruck)
47. Hyperurikämie und Gicht
veränderter Nährstoffbedarf
48. bei Fieber
49. bei malignen Erkrankungen
50. nach Verbrennungen
51. Strahlen- und Chemotherapie

KREBS
100. Bauchspeicheldrüse
101. Blasenkrebs
102. Blutkrebs (Leukämie)
103. Brustkrebs
104. Darmkrebs
105. Magenkrebs
106. Nierenkrebs
107. Speiseröhrenkrebs

TCM
200. Blase - Feuchte Hitze in der Blase
201. Blase - Feuchtigkeit und Kälte in der Blase
202. Blase - Leere und Kälte in der Blase
203. Dickdarm - äussere Kälte befällt den Dickdarm
204. Dickdarm - Feuchte Hitze im Dickdarm
205. Dickdarm - Hitze blockiert den Dickdarm II akut
206. Dickdarm - Trockenheit des Dickdarms
207. Dickdarm - Yang Mangel (Kälte)
208. Herz - Blut Mangel
209. Herz - Blut Stagnation
210. Herz - Feuer
211. Herz - Heisser Schleim verstopft die Herzporen
212. Herz - Kalter Schleim verstopft die Herzporen
213. Herz - Qi Mangel
214. Herz - Yang Mangel
215. Herz - Yin Mangel
216. Leber - aufsteigender Leber-Yang
217. Leber - Blut-Mangel
218. Leber - Blut-Stagnation
219. Leber - feuchte Hitze in Leber und Gallenblase
220. Leber - Feuer
221. Leber - Gallenblase Qi-Leere
222. Leber - Kälte im Lebermeridian
223. Leber - Qi-Stagnation